应用型本科院校人才培养探究

孟凡华◎著

人民体育出版社

图书在版编目（CIP）数据

应用型本科院校人才培养探究 / 孟凡华著. -- 北京：人民体育出版社, 2025. -- ISBN 978-7-5009-6536-7

Ⅰ.G649.21

中国国家版本馆 CIP 数据核字第 2024KM6928 号

*

人 民 体 育 出 版 社 出 版 发 行
北京中献拓方科技发展有限公司印刷
新 华 书 店 经 销

*

710×1000　16 开本　14 印张　257 千字
2025 年 3 月第 1 版　2025 年 3 月第 1 次印刷

*

ISBN 978-7-5009-6536-7
定价：69.00 元

社址：北京市东城区体育馆路 8 号（天坛公园东门）
电话：67151482（发行部）　　邮编：100061
传真：67151483　　　　　　　邮购：67118491
网址：www.psphpress.com

（购买本社图书，如遇有缺损页可与邮购部联系）

前　言

在21世纪的知识经济时代，教育被视为国家发展的核心驱动力和人才培养的摇篮。特别是在我国，高等教育已经从精英化走向大众化，应用型本科院校在其中扮演着极为重要的角色。它们不仅仅是高等教育体系的重要组成部分，更是地方经济社会发展中不可或缺的人才支撑和创新源泉。

应用型本科院校，顾名思义，其核心使命在于"应用"——将理论知识与实践技能相结合，培养出既懂理论又擅实践的高素质应用型人才。这类人才不仅要拥有扎实的专业基础知识，还要具备解决实际问题的能力、创新思维及良好的团队协作精神。对他们的培养，既需要传统的课堂教学，更需要实验、实训、实习等多元化的实践教学环节。

随着社会的快速变化和技术的不断进步，应用型本科院校在人才培养方面面临的挑战也日益加剧。一方面，知识更新的速度在加快，新技术、新业态层出不穷，这要求教育内容和方法必须与时俱进，始终保持前瞻性和创新性。另一方面，地方经济和社会发展对人才的需求也日益多样化、个性化，这要求高校必须紧密对接地方需求，精准定位人才培养目标，构建特色鲜明的人才培养体系。

正是基于这样的背景和挑战，应用型本科院校人才培养理论与实践的研究显得尤为重要和迫切。这不仅仅是一个教育问题，更是一个关乎国家竞争力、民族未来的大问题。需要在总结国内外成功经验的基础上，结合我国的实际情况和地方特色，探索出一条既符合高等教育规律又满足社会需求的应用型本科人才培养之路。在这个过程中，需要关注几个关键方面：一是人才培养模式的创新，包括课程体系、教学内容、教学方法和评价体系等方面的改革与探索；二是实践教学的强化，如何有效地将理论知识转化为实践技能，培养学生的创新意识和实践能力；三是产学研合作育人机制的构建，如何充分发挥高校、企业和科研院所的各自优势，形成合力，共同推动人才培养质量的提升；四是国际视野的拓展，如何在全球化背景下借鉴和吸收国际先进的教育理念与资源，提升应用型本科院校的国际竞争力。

2024年4月12日，山东省应用型本科高校建设研讨会在潍坊学院召开。此次研讨会由潍坊学院、山东交通学院共同主办，来自全省49所应用型本科高校的120余位校领导及职能部门负责人，累计200余名专家学者齐聚一堂。宣读了由与会 49 家高校共同倡议的《山东省应用型本科高校联盟成立宣言》，揭牌成立了山东省应用型本科高校联盟。

随后，北京大学郭建如教授和东莞理工学院教务部副部长孙璨教授分别做题为"产教融合与高水平应用型大学建设"和"现代产业学院迭代发展培养卓越工程师后备人才"的精彩报告。两位专家的报告从不同视角对应用型本科院校建设提出了发展路径和建设方案，为应用型院校的人才培养、转型发展、产业融合等方面指明方向。

总的来说，应用型本科院校人才培养理论与实践的研究是一项系统而复杂的工程，需要不断地探索、实践和创新。我们相信，通过广大教育工作者的共同努力，一定能够培养出更多符合社会需要、引领未来发展的高素质应用型人才，为我国的现代化建设作出更大的贡献。

目　　录

第一章　应用型本科院校概述 ... 1

第一节　绪论 ... 1
一、应用型本科院校的内涵 ... 1
二、应用型大学与其他类型大学的区别 ... 2
三、应用型本科院校的建设特点 ... 6

第二节　应用型本科院校的发展历程与现状 ... 8
一、应用型本科院校的早期发展 ... 8
二、应用型本科院校的现状分析 ... 10
三、应用型本科院校的发展趋势 ... 11

第三节　应用型本科院校面临的挑战 ... 14
一、国际化办学趋势的挑战 ... 14
二、教育资源配置的挑战 ... 15
三、师资队伍建设的挑战 ... 16
四、教育质量保障与提升的挑战 ... 17

第二章　应用型本科院校的教育理念 ... 18

第一节　以学生为中心的教育理念 ... 18
一、学生主体性的强调 ... 18
二、个性化教育计划的制订与实施 ... 20
三、学生自主学习能力的培养策略 ... 23
四、学生发展的全面关注 ... 29
五、教育环境的优化与创新 ... 34

第二节　产学研结合的教育理念 ... 40
一、产学研结合的重要性 ... 41
二、产学研合作模式的创新 ... 45
三、产学研结合的实践案例及发展趋势 ... 51

第三节　以社会服务为导向的教育理念 ... 56

一、社会服务职能的强化 …………………………………………… 56
　　二、社会服务能力的提升 …………………………………………… 62
　　三、以社会服务为导向的教育改革 ………………………………… 65

第三章　应用型本科院校的学科与专业建设 ……………………………… 69

第一节　学科与专业设置的原则和策略 …………………………………… 69
　　一、市场需求导向原则 ……………………………………………… 69
　　二、教育资源优化配置策略 ………………………………………… 72
　　三、学科交叉融合创新原则 ………………………………………… 74

第二节　特色专业与优势学科的培育 ……………………………………… 77
　　一、特色专业的内涵与建设路径 …………………………………… 77
　　二、优势学科标准与评价 …………………………………………… 79
　　三、学科群建设与专业集群发展 …………………………………… 81

第三节　学科交叉融合的创新实践 ………………………………………… 84
　　一、学科交叉融合的意义与价值 …………………………………… 84
　　二、学科交叉融合的实践案例分析 ………………………………… 87
　　三、推动学科交叉融合的机制创新 ………………………………… 89

第四章　应用型人才培养概述 ……………………………………………… 92

第一节　应用型人才的内涵、基本特征及外延 …………………………… 92
　　一、应用型人才的内涵 ……………………………………………… 92
　　二、应用型人才的基本特征 ………………………………………… 94
　　三、应用型人才与行业发展的关联 ………………………………… 97

第二节　应用型人才培养的目标定位 ……………………………………… 99
　　一、培养目标的确定原则 …………………………………………… 100
　　二、具体培养目标的设定 …………………………………………… 102
　　三、培养目标的动态调整机制 ……………………………………… 105

第三节　应用型本科院校人才培养标准及其作用 ………………………… 108
　　一、应用型本科院校人才培养标准 ………………………………… 108
　　二、建立应用型本科院校人才培养标准的作用 …………………… 111

第五章　应用型人才培养的课程体系 ……………………………………… 115

第一节　课程体系的构建原则与优化策略 ………………………………… 115
　　一、构建原则概述 …………………………………………………… 115

二、优化策略分析 118
　第二节　理论与实践相结合的课程设计 121
　　一、理论课程的设计思路 121
　　二、实践课程的设计与实施 124
　第三节　课程体系中的创新创业元素 127
　　一、创新创业教育的融入方式 127
　　二、课程体系对创新创业能力的培养 130

第六章　应用型人才培养的教学模式 134

　第一节　教学模式的创新与实践 134
　　一、传统教学模式的反思与挑战 134
　　二、创新型教学模式的探索与实践 136
　第二节　案例教学、项目驱动教学等教学方法的应用 140
　　一、案例教学的应用与实践 140
　　二、项目驱动教学的应用与实践 144
　第三节　信息技术与教育教学的深度融合 149
　　一、信息技术在教育中的应用现状 149
　　二、信息技术与教育教学融合的策略和实践 152
　　三、信息技术对教学模式的变革与影响 156

第七章　应用型本科院校的实践教学体系 162

　第一节　实践教学体系的构成与特点 162
　　一、实践教学体系的构成 162
　　二、实践教学体系的特点 166
　第二节　校内外实践教学基地的建设 170
　　一、校内实践教学基地的建设 170
　　二、校外实践教学基地的建设 174
　第三节　实践教学与职业能力培养的对接 177
　　一、实践教学对职业能力培养的支撑作用 178
　　二、实践教学与职业能力培养的对接路径 182

第八章　应用型本科院校的师资队伍建设 187

　第一节　师资队伍的现状、结构与优化 187
　　一、师资队伍现状分析 187

二、师资队伍结构优化策略 ··· 191
　　三、师资队伍优化效果评估 ··· 194
　第二节　双师型教师的培养与引进 ·· 196
　　一、双师型教师的内涵与素质要求 ··· 196
　　二、双师型教师的培养途径与方法 ··· 198
　　三、双师型教师的引进策略与措施 ··· 202
　第三节　教师教学能力与科研能力的提升 ······································ 206
　　一、教学能力的提升途径 ·· 206
　　二、科研能力的提升策略 ·· 210
　　三、教学与科研互动机制 ·· 211

参考文献 ·· 213

第一章

应用型本科院校概述

在当今社会，应用型本科院校扮演着越来越重要的角色。这类院校不仅仅注重理论知识的传授，更强调实践技能的培养，致力于为社会输送具备专业素养和实践能力的人才。本章将深入剖析应用型本科院校的建设特点及发展历程等内容。通过学习本章内容，读者将更全面地了解应用型本科院校的内涵与价值，这将为后续章节深入探讨应用型本科院校的人才培养、社会服务等功能奠定坚实基础。

第一节 绪 论

应用型本科院校在高等教育体系中扮演着重要角色，不仅满足了经济社会发展需求，也推动了高等教育普及化、大众化。与研究型大学和技能型大学相比，应用型大学在教育目标、课程设置、科研导向和学生出路等方面存在显著差异。办学定位的应用性、专业设置的行业对接性和人才培养的实践性是应用型本科院校的建设特点，为培养高素质应用型人才提供了有力保障。

一、应用型本科院校的内涵

应用型本科院校指那些以应用技术为主导，强调实践教学和理论教学相结合，旨在培养具有解决实际问题能力的高素质人才的高等教育机构。这类院校通常注重专业技能的培养，以及与行业的紧密合作，为学生提供实习和就业机会。

在教学方法上，应用型本科院校强调案例分析、项目驱动和团队合作，旨在提高学生的职业适应性和创新能力。以应用型为办学定位的本科高等院校，其主要特点是以本科教育为主，与学术型大学有所区别。这类院校的建设目标在于满足中国经济社会发展的需求，对高层次应用型人才的培养起到了积极的促进作用。

在办学方向上，应用型本科院校主要有两个方向：一是纯应用型，二是应用-研究（学术）混合型。它们不仅关注知识的传授，更重视实践能力的培养，以及学生的职业素养和创新创业能力的提升。为此，这类院校通常会加强与行业企业的合作，引入产业界的资源和经验，共同开展人才培养、科学研究和社会服务等活动。

在人才培养上，应用型本科院校注重实践教学，强调理论与实践的结合。通过实验、实训、实习等环节，学生能够将所学知识应用于实际工作中，提升解决实际问题的能力。同时，这类院校还会根据市场需求和行业发展趋势，不断调整和优化专业设置与课程体系，以确保人才培养的针对性和实用性。应用型本科院校的课程设置通常围绕特定行业或职业领域，课程内容更加贴近市场需求，强调知识与技能的结合。这类院校的毕业生往往具备较强的职业技能和实践经验，能够快速适应工作环境，满足雇主的需求。

在数量上，我国应用型本科院校的数量正在不断增加。这些院校既有部分老牌本科高校，也有部分升本较早的新建本科高校和其他新建本科高校。它们通过主动建设或非主动建设的方式，推动着应用型本科院校的发展。

在办学质量上，一些应用型本科院校已经取得了显著的成果。例如，有些院校在国家一流本科专业建设点方面取得了突出成绩，显示了其在应用型人才培养方面的实力和水平。

总的来说，应用型本科院校在中国高等教育体系中扮演着越来越重要的角色。它们不仅为社会经济发展提供了有力的人才支持，也在推动高等教育普及化、大众化方面发挥了积极作用。在中国，应用型本科院校也被称为应用技术大学或职业技术大学，它们是中国高等教育体系中的重要组成部分。随着经济的发展和社会对高技能人才的需求增加，这类院校在中国教育领域扮演着越来越重要的角色。

二、应用型大学与其他类型大学的区别

在我国高等教育体系中，高等教育大学主要分为三类：应用型大学、研究型大学和技能型大学。以下是对应用型大学与研究型大学、技能型大学之间区别的详细阐述。

（一）应用型大学与研究型大学的区别

1. 办学理念与教育目标的区别

研究型大学以科研为导向，强调基础研究和前沿探索，其办学理念在于培养具有深厚理论素养和高度创新精神的研究型人才。这类大学通常拥有雄厚的科研实力和丰富的学术资源，致力于在学术领域取得重大突破。

应用型大学则以应用为导向，注重将理论知识与实际应用相结合，培养具有实践能力和创新精神的高素质人才。这类大学强调知识的应用性和实用性，致力于为社会经济发展提供有力的人才支撑。

2. 课程设置与教学方法的区别

研究型大学的课程设置以基础理论知识和前沿科学为主，注重学科的深度和广度，为学生打下坚实的学术基础。在教学方法上，研究型大学通常采用研讨式、探究式等教学方式，鼓励学生独立思考和创新实践。

应用型大学的课程设置则更加关注专业知识和技能的应用，注重课程的实践性和应用性。在教学方法上，应用型大学注重理论与实践的结合，采用案例教学、项目教学等教学方式，提高学生的实践能力和解决问题的能力。

3. 科研导向与学术氛围的区别

研究型大学在科研方面具有较高的追求和要求，通常拥有大量的科研项目和经费支持，鼓励师生进行高水平的科研活动。其学术氛围浓厚，注重学术交流和合作，为师生提供了广阔的学术发展空间。

应用型大学虽然也重视科研活动，但其科研重点更多在于应用研究和技术开发方面，旨在推动科技成果的转化和应用。其学术氛围相对较为务实，注重解决实际问题和应用创新。

4. 学生出路与就业方向的区别

研究型大学的学生通常具有较强的学术素养和研究能力，毕业后多选择继续深造或从事科研、教育等领域的工作。他们在学术领域具有较强的竞争力，能够为国家科技进步和人才培养作出重要贡献。

应用型大学的学生则具有较强的实践能力和创新精神，毕业后多选择进入企事业单位或自主创业。他们在技术应用、产品开发等方面具有较强的优势，能够为社会经济发展提供有力的支持。

(二) 应用型大学与技能型大学的区别

1. 教育定位与培养目标的区别

技能型大学的教育定位在于培养具备特定职业技能和实践能力的技能型人才，其培养目标主要是满足社会对技能型人才的需求。这类大学注重职业技能的传授和实践能力的培养，致力于为社会输送具备实际操作能力和职业素养的技能型人才。

应用型大学则更加注重知识的应用性和综合性，培养具有实践能力和创新精神的高素质人才。其培养目标不仅涵盖职业技能的培养，还强调综合素质的提升和创新能力的培养。

2. 课程设置与教学内容的区别

技能型大学的课程设置主要围绕职业技能和行业需求进行安排，注重职业技能的传授和实践教学环节的设置。教学内容以实际操作和技能训练为主，旨在使学生熟练掌握特定职业技能。

应用型大学的课程设置则更加关注专业知识和技能的应用，注重课程的实践性和综合性。教学内容不仅包含基础理论知识的学习，还强调专业知识的应用和实践能力的提升。

3. 教学方法与教学手段的区别

技能型大学的教学方法以技能训练和实践操作为主，注重学生动手能力的培养和实践经验的积累。教学手段通常包括运用实训设备、模拟软件等，以帮助学生更好地掌握职业技能。

应用型大学的教学方法则更加注重理论与实践的结合，采用案例教学、项目教学等多种教学方式。教学手段也更加多样化，包括课堂教学、实验教学、实习实训等多种形式，以提高学生的实践能力和解决问题的能力。

4. 学生出路与就业方向的区别

技能型大学的学生毕业后多进入特定职业领域从事技能型工作，如技工、技师等。他们在特定职业领域具有较强的竞争力和就业优势。

应用型大学的学生则具有更广泛的就业选择，不仅可以在企事业单位从事技术应用和开发等工作，还可以选择继续深造或从事其他领域的工作。他们的实践能力和创新精神使他们在就业市场上具有更强的竞争力。

综上所述，应用型大学与研究型大学、技能型大学存在显著的差异。这些差异使得三类大学在人才培养和社会服务方面各具特色，共同构成了我国高等教育体系的多元化格局。通过对这些差异的理解和认识，学生可以更好地选择适合自己的教育路径和发展方向。

本部分仅对应用型大学与研究型大学、技能型大学的区别进行概要性的阐述。实际上，这三类大学之间的区别还体现在许多其他方面，如师资队伍、校园文化建设、国际交流与合作等。未来，随着高等教育改革的深入和社会需求的变化，这三类大学之间的差异可能会进一步凸显，同时也会有更多的交叉和融合。因此，我们需要持续关注高等教育的发展趋势和变化，以便更好地面对未来的挑战和机遇。

对于高等教育机构和学生来说，了解应用型大学、研究型大学和技能型大学之间的区别至关重要。这不仅有助于高等教育机构明确自身的定位和发展方向，提高教育质量和社会服务能力，也有助于学生根据自己的兴趣、能力和职业规划选择适合自己的大学类型，为未来的职业发展打下坚实的基础。高等教育机构和学生应注意以下几个方面。

（1）对于高等教育机构而言，明确自身的办学定位和特色是关键。应用型大学应致力于培养具有实践能力和创新精神的高素质人才，加强与行业和企业的合作，推动产学研结合，提高人才培养的针对性和实用性。研究型大学应注重科研创新和学术积累，为国家和地方的经济社会发展提供智力支持和创新驱动。技能型大学应以培养具备特定职业技能和实践能力的技能型人才为目标，为社会输送具有实际操作能力和职业素养的技术工人。

（2）对于学生而言，了解不同类型大学的办学特色和培养目标有助于他们做出更明智的选择。学生可以根据自己的兴趣、能力和职业规划，选择适合自己的大学类型。例如，对于希望从事科学研究或深造的学生来说，研究型大学可能是一个更好的选择；对于希望快速掌握职业技能并就业的学生来说，技能型大学可能更为合适；对于希望将理论知识与实践相结合，培养综合素质和创新能力的学生来说，应用型大学则是一个不错的选择。

此外，了解不同类型大学的课程设置、教学方法和科研导向等也有助于学生更好地适应大学的生活和学习。不同类型的大学在这些方面有着不同的侧重点和要求，学生可以根据自己的学习特点和需求，选择适合自己的学习方式和路径。

综上所述，了解应用型大学、研究型大学和技能型大学之间的区别对于高等教育机构和学生都具有重要意义。高等教育机构通过明确自身的定位和发展方向、提高教育质量和社会服务能力可以更好地满足社会需求与人才培养的要求；学生通过选择适合自己的大学类型和学习方式，可以为自己的未来职业发展打下坚实的基础。

三、应用型本科院校的建设特点

应用型本科院校的建设特点包括办学定位的应用性、专业设置的行业对接性、人才培养的实践性。这3个特点相互关联、相互促进，共同构成了应用型本科院校的独特优势和办学特色，为培养适应社会发展需求的高素质应用型人才提供了有力保障。

（一）办学定位的应用性

办学定位的应用性是应用型本科院校建设发展的核心指导原则。这种定位强调教育与社会经济发展的紧密结合，致力于培养具备实际操作能力和创新精神的高素质应用型人才。应用型本科院校办学定位的应用性主要体现在以下几个方面。

（1）应用型本科院校紧密结合区域经济社会发展的需求，明确自身的办学方向。它们注重分析地方产业结构、行业发展趋势及人才需求状况，从而确定专业设置和人才培养目标。这种定位使得院校的教育资源能够更加精准地对接社会需求，提高教育的针对性和实效性。

（2）应用型本科院校注重实践教学环节的加强。它们不仅在课堂上强调理论知识的学习，更注重通过实验、实训、实习等实践教学方式，培养学生的实际操作能力和解决问题的能力。这种教学方式使得学生能够更好地将理论知识与实践相结合，提高其综合素质和就业竞争力。

（3）应用型本科院校还积极与企业、行业合作，开展产学研一体化的教学模式。通过与企业的紧密合作，院校能够及时了解行业发展的最新动态和技术趋势，进而调整教学内容和方法，使教育更加贴近实际、更加具有前瞻性。同时，企业也能够通过参与院校的教学和科研活动获得更多的人才支持与智力支持，实现互利共赢。

综上所述，办学定位的应用性是应用型本科院校建设发展的重要特点之一。这种特点使得院校能够紧密对接社会需求，加强实践教学环节，实现产学研一体化，为培养高素质应用型人才提供有力保障。

（二）专业设置的行业对接性

应用型本科院校在专业设置上充分体现出与行业发展的紧密对接性。这种对接性不仅体现在专业方向的确定上，更体现在课程体系的设置和教学内容的更新上，对于提升教育的针对性和实效性，以及满足行业对人才的需求具有重要意义。应用型本科院校专业设置的行业对接性主要体现在以下几个方面。

（1）应用型本科院校在专业设置上紧密关注行业发展动态和趋势。院校通过深入调研和分析，了解行业对人才的需求状况及行业的发展趋势，从而确定和调整专业设置。这种以行业需求为导向的专业设置方式，使得院校的教育资源能够更加精准地对接社会需求，提高教育的针对性和实效性。

（2）应用型本科院校注重与行业企业的合作和交流。通过与行业企业的紧密合作，院校能够及时了解行业发展的最新动态和技术趋势，进而调整和优化专业设置。同时，院校还可以邀请行业企业的专家参与课程设置和教材编写工作，确保课程内容更加符合现实需求。

（3）应用型本科院校还注重专业设置的多样性和灵活性。院校根据地方经济社会发展的需求和自身办学特色，灵活设置专业方向，形成具有地方特色的专业体系。同时，院校还根据行业发展的变化及时调整专业结构，保持与行业的紧密对接。

综上所述，专业设置的行业对接性有利于推动应用型本科院校为社会培养出更多符合行业需求的高素质人才。同时，有助于提升院校的办学水平和声誉，推动地方经济社会的发展。

（三）人才培养的实践性

应用型本科院校在人才培养方面特别注重实践性，这是其区别于其他类型高校的重要特点之一。人才培养的实践性不仅体现在课程设置和教学方式上，更贯穿整个教育过程，旨在培养出具备实际操作能力、创新能力和解决实际问题能力的高素质人才。应用型本科院校人才培养的实践性主要体现在以下几个方面。

（1）应用型本科院校在课程设置上注重理论与实践的结合。除了传统的理论教学，院校还增加了大量的实验、实训和实习等实践教学环节，使学生能够在实践中深化对理论知识的理解，提高实际操作能力。这种课程设置方式有助于培养学生的综合素质和创新能力，使他们更好地适应未来职业发展的需要。

（2）应用型本科院校积极推行校企合作、产学研结合的人才培养模式。通过与企业的紧密合作，院校能够为学生提供更多的实践机会和就业渠道，同时也能够更好地了解企业的需求和行业的发展趋势，从而调整和优化人才培养方案。这种人才培养模式有助于实现院校与社会的无缝对接，提高学生的就业竞争力和社会适应能力。

（3）应用型本科院校还注重培养学生的创新意识和实践能力。院校通过开设创新实验、创业课程等方式，激发学生的创新精神和创业热情，同时提供必要的支持和指导，帮助学生将创新想法转化为实际成果。这种培养方式有助于提高学生的创新能力和实践能力，为他们未来的职业发展打下坚实的基础。

综上所述，应用型本科院校在人才培养方面注重实践性，通过优化课程设置、推行校企合作、培养学生的创新意识和实践能力等措施，致力于为社会培养出更多高素质人才。

第二节　应用型本科院校的发展历程与现状

近代中国社会的变革深刻地影响了教育领域的发展。从封建社会向半殖民地半封建社会的转变，不仅带来了政治、经济上的巨大变革，也催生了教育体制和理念的深刻变化。这一时期的变革，为近代大学的兴起奠定了坚实的基础，而洋务运动和戊戌变法更是对大学的兴起起到了关键的推动作用。

一、应用型本科院校的早期发展

应用型本科院校作为适应我国经济结构调整和高等教育大众化需求的新型高等教育机构，自改革开放以来逐渐兴起并发展壮大。其发展历程不仅反映了我国高等教育体系的变革，也深刻影响了社会经济的发展。改革开放初期，中国高等教育事业经历了"十年动乱"的严重破坏，无论是规模还是速度都与国民经济发展严重不适应。特别是随着"四化"（工业现代化、农业现代化、国防现代化、科学技术现代化）建设的推进，各类应用型人才短缺问题日益凸显。在这种背景下，高等教育迫切需要调整结构，培养适应经济社会发展需要的应用型人才。一些地方政府和高校开始探索为地方经济服务的应用型人才培养模式。1978年，天津市率先依托已有大学举办分校，招收本地生源，这些大学分校在学制和课程标准上与校本部基本一致，且以服务地方经济为主，培养应用型人才。此后，北京等城市也相继创办大学分校。这些举措标志着我国应用型本科教育的初步尝试。

（一）雏形萌动阶段（1978—1984年）

雏形萌动阶段，应用型本科院校的萌芽主要体现在地方政府通过创办大学分校和中心城市新大学来培养服务于地方的应用型人才。尽管办学条件不足，但这些新大学从诞生伊始就以服务地方、培养应用型本科人才为追求。例如，1983年创建的深圳大学，尽管得到了北京大学、清华大学等名校的对口支援，但其办学目标并非复制这些名校，而是要办成一所以应用为特色的特区大学。

（二）模式探索阶段（1985—1998年）

1985年《中共中央关于教育体制改革的决定》和1993年《中国教育改革和发展纲要》的颁布，标志着我国教育事业进入全面改革的新阶段。这些文件提出实行中央、省（自治区、直辖市）、中心城市三级办学的体制，以及多种形式办学、培养多种规格人才，特别强调高等教育要重点发展应用性学科和专业。这些政策为应用型本科大学模式的形成提供了土壤和依据，促进了应用型学科和应用型人才在国家政策层面的重视。此外，中外合作办学也成为应用型本科大学的新模式，如1992年的杭州应用工程技术学院（现为浙江科技大学）。

（三）规模扩张阶段（1999—2013年）

1999年，国务院批转教育部《面向21世纪教育振兴行动计划》，明确提出到2010年高等教育入学率接近15%的战略目标，推动了高等教育大众化进程。这一时期，一批本科高校被创建，大批专科层次的地方高校升格为本科高校，这些高校多定位于"应用型"和"地方性"，被统称为"新建本科院校"。截至2013年，新建本科院校达600多所。此外，依托公办大学创建的独立学院和由民办专科高校升格而生的民办本科高校也大量涌现，进一步丰富了应用型本科院校的类型和层次。

二、应用型本科院校的现状分析

（一）办学定位与社会需求紧密结合

应用型本科院校以服务地方经济社会发展为导向，紧密围绕区域产业发展需求进行专业设置和人才培养。这种办学定位使得应用型本科院校在地方经济建设中发挥着重要作用，同时也为学生提供了更多就业和创业的机会。然而，这也要求院校能够准确把握市场需求，不断更新和优化专业设置，以适应社会经济的快速发展。

据教育部统计，近年来应用型本科院校新增专业中，超过70%与地区主导产业和新兴产业高度相关，如电子信息、智能制造、新能源等。以东莞理工学院为例，其毕业生就业率连续五年保持在95%以上，且超过80%的毕业生在广东省内就业，充分反映了院校专业设置与社会需求的紧密契合。该校根据东莞市及周边地区的产业发展需求，设置了电子信息工程、材料科学与工程等一批与地区主导产业密切相关的专业，为地方经济发展提供了有力的人才支撑。

（二）实践教学与能力培养受到重视

与传统的学术型院校相比，应用型本科院校更加注重实践教学和学生能力的培养。院校通过校企合作、产学研结合等方式，为学生提供更多的实践机会和实习岗位，使学生能够在实践中学习和成长。这种教学模式有助于提高学生的实践能力和综合素质，增强他们在就业市场上的竞争力。

在应用型本科院校的教学计划中，实践教学所占的比例普遍超过30%，部分专业甚至达到50%以上。据统计，潍坊学院近三年与企业合作开展的项目数量年均增长率达到20%，为学生提供了丰富的实践机会。该校与多家知名企业合作，共建了多个实践教学基地和实验室，让学生在真实的工作环境中进行实践操作，提高了学生的实践能力和综合素质。

（三）师资队伍建设仍需加强

虽然应用型本科院校在师资队伍建设方面取得了一定的成绩，但仍然存在一些问题。部分教师缺乏实践经验和行业背景，难以满足应用型人才培养的需求。此外，部分教师对于实践教学的重视程度不够，影响了学生实践能力的培养。因此，应用型本科院校需要进一步加强师资队伍建设，引进更多具有实践经验和行业背景的教师，同时加强教师的实践教学培训。

在应用型本科院校的师资队伍中，具有行业背景和实践经验的教师所占比例普遍较低，仅占30%左右。虽然大部分应用型本科院校都重视教师培训，但投入的资金和时间仍然有限，难以满足教师持续学习和发展的需求。例如，沈阳大学通过引进具有丰富实践经验的行业专家担任兼职教师、选派教师到企业挂职锻炼等方式，加强了师资队伍建设，提高了教师的实践教学能力。

（四）国际合作与交流日益增多

随着全球化的加速和国际交流的增多，应用型本科院校也面临着更加开放和多元的办学环境。院校通过与国际高校和企业的合作与交流，引进先进的教育理念和教学资源，提升办学水平和人才培养质量。同时，国际合作与交流也有助于院校拓展国际视野，培养具有国际竞争力的人才。

近年来，应用型本科院校与国外高校和企业合作开展的项目数量逐年增加，年均增长率达到15%。部分应用型本科院校的留学生比例已超过5%，且逐年上升。例如，武汉轻工大学与国际上多所知名高校和企业建立了合作关系，共同开展科研项目和人才培养计划，提高了院校的国际影响力和人才培养质量。同时，该校还积极引进国外优质教育资源，为师生提供了更广阔的交流平台。

三、应用型本科院校的发展趋势

应用型本科院校的发展趋势集中于顶层设计指导下的特色发展、产教融合、课程改革、师资队伍建设、学生能力的全面培养、科研创新及人才引育，旨在培养适应经济社会发展需求的高素质应用型人才。

（一）坚持特色发展

在顶层设计的框架下，特色发展成为应用型本科院校发展的核心。各院校根据本地区的经济特点、产业需求和文化传统，构建具有区域特色的教育模式。通过发展与地方经济紧密结合的专业课程，打造特色学科群，以及建立与地方产业深度融合的实践教学基地，培养出更符合地方经济社会发展需求的高素质应用型人才。

以潍坊学院为例，该校在顶层设计上进行了深入探索。首先明确了"服务地方经济，培养应用型人才"的办学定位，并据此制定了详细的发展规划。整合了校内外资源，与地方政府、企业等建立了紧密的合作关系，共同构建了一体化的人才培养体系。这一体系涵盖了专科、本科和研究生教育，确保了学生从入学到毕业都能接受到与社会需求紧密相关的教育。通过这种顶层设计，该校不仅实现了教育资源的优化配置，还为学生的全面发展创造了有利条件。

（二）加强产教融合

产教融合是实现特色发展的关键途径。应用型本科院校需要与企业建立紧密的合作关系，实现教育资源与产业资源的有效对接。通过校企合作，院校可以及时调整课程设置，引入企业实际案例，提供实习实训机会，使学生能够在学习过程中接触真实的工作环境，增强实践能力和创新能力。产教融合要求院校与企业之间建立一种互利共赢的合作关系。这种合作不仅涉及课程内容的共同设计，还包括教学方法的创新、实训基地的共建及科研项目的联合开展。院校应主动了解企业的需求，将行业标准和实际工作流程融入教学中，确保学生能够学习到前沿的知识和技能。此外，通过产教融合，学生有机会参与到企业的实际项目中，这不仅能够提高他们的职业技能，还能够增强他们的创新意识和团队协作能力。例如，一些院校与当地企业合作，建立了校内外的实训基地，学生可以在这些基地中进行实际操作，从而更好地理解理论知识与实践应用的结合。同时，企业导师的引入也为学生提供了宝贵的行业经验和职业指导。

（三）坚持课程改革

课程改革是提升应用型本科教育质量的重要手段，它要求教育内容和教学方法与时俱进，以适应快速变化的社会和经济需求。院校应密切关注科技发展趋势，及时更新课程内容，将云计算、物联网、大数据、AI（Artificial Intelligence，人工智能）等前沿技术纳入教学计划。这不仅能够提高学生的技术素养，还能够激发他们的创新思维和探索精神。在课程设置上，应注重理论与实践的结合，通过案例教学、项目驱动等方式，提高学生的实践操作能力和问题解决能力。同时，鼓励学生参与科研项目，通过实际操作深化对知识的理解。例如，一些院校开设了与企业合作的课程，学生在课程中可以直接接触到企业的实际问题，通过团队合作提出解决方案，这种学习方式极大地提高了学生的实践能力和创新能力。此外，课程改革还应包括对学生评价体系的改革，更加注重过程评价和能力评价，以全面评估学生的综合素质。

（四）加强师资队伍建设

高质量的师资队伍是应用型本科教育的基石，是教育质量的保障和学生能力培养的关键，对于应用型本科教育至关重要。院校必须重视高质量师资队伍的建设，特别是要引进和培养那些具有实际工程和行业经验的教师。这些教师不仅能够将理论知识与实践经验相结合，还能够为学生提供行业前沿的视角和实际操作的机会。

为了吸引和留住这些教师，院校纷纷提供有竞争力的薪酬待遇、职业发展路径和专业成长机会。例如，通过职称评审和岗位定级政策上的倾斜，鼓励教师参与到产教融合中，这不仅能够提升教师的教学能力，也能够增强他们的科研能力。此外，院校还可以与企业合作，为教师提供参与实际项目的机会，这样教师可以将最新的行业动态和技术带入课堂。

深圳职业技术大学是一个典型的例子，该校通过与华为、腾讯等企业合作，建立了一批产学研基地，教师在这些基地中参与研发项目，同时指导学生进行实践操作，这种模式极大地提升了教师的实践教学能力和学生的职业技能。通过这样的师资队伍建设，院校能够培养出更符合市场需求的高素质应用型人才。

（五）重视学生能力的全面培养

应用型本科院校应重视学生能力的全面培养，特别是在实践能力、创新能力和创业能力方面的培养。通过增设创新创业课程、举办各类竞赛和活动，激发学生的创新精神和创业热情。同时，加强职业指导和就业服务，提高学生的就业竞争力，尤其是本地就业的吸引力。

例如，潍坊学院通过建立校内外志愿服务基地，让学生参与到社区服务、环境保护等社会实践中，从而增强他们的社会责任感和实践能力。此外，学校还开设了创新创业课程，鼓励学生参与到各类创新创业竞赛中。例如，"挑战杯"大学生创业计划竞赛，通过实践锻炼学生的创新思维和团队协作能力。同时，学校还提供职业指导和就业服务，帮助学生了解市场需求，提升就业竞争力，特别是增强他们服务本地经济社会发展的能力。

（六）重点发展面向产业的科研创新

科研创新是推动社会进步和产业发展的关键力量。应用型本科院校应将科研创新与产业发展紧密结合，形成产学研一体化的创新模式。潍坊学院针对当地特色产业，如智能制造、生物医药等，组织教师团队开展针对性的科研攻关，解决产业发展中的技术难题。通过与企业的紧密合作，学校不仅能够为企业提供技术支持和解决方案，还能够让学生在参与科研项目的过程中培养科研能力和创新思维。此外，学校还鼓励教师参与跨学科、跨领域的研究，打破学科壁垒，促进知识的交叉融合。

（七）根据产业需求进行人才引育

应用型本科院校在人才培养方面应紧跟产业发展的步伐，满足社会对人才的需求。院校应当根据当地产业发展需求，调整专业设置和课程体系，增设大数据、AI等新兴专业，培养符合产业需求的高素质人才。同时，院校应深化与企业的合作，通过校企共建实验室、实习基地等方式，为学生提供实践平台，使学生能够在真实的工作环境中学习和成长。此外，院校还应改革教师评价机制，建立以成果为导向的评价体系，鼓励教师参与产业服务和社会服务，提升教师的实践教学能力和科研创新能力，为教师和学生提供更广阔的发展空间。通过这些措施，院校能够更好地服务于地方经济社会发展，培养出更多优秀的应用型人才。

第三节　应用型本科院校面临的挑战

随着经济社会的快速发展和产业结构的不断升级，应用型本科院校正迎来前所未有的发展机遇与挑战。未来，这些院校的发展将呈现出更加鲜明的国际化办学趋势，更加注重产教融合的深化及人才培养模式的创新，以适应时代的需求和社会的变革。应用型本科院校面临的挑战主要包括以下几个方面。

一、国际化办学趋势的挑战

国际化办学趋势无疑为应用型本科院校带来了前所未有的机遇，但同时也带来了不少挑战。

首先，随着全球化的深入发展，教育资源的国际流动性增强，如何有效引进和整合国际优质教育资源成为应用型本科院校面临的首要挑战。据统计，仅有不到30%的应用型本科院校能够成功引进并融合国际教育资源，形成自身的办学特色。其次，提升师生的国际交流能力也是一大难题。许多院校虽然开展了国际交流项目，但由于语言、文化等障碍，师生参与度并不高。很多院校虽然与多所国外高校建立了合作关系，但每年参与交流的学生仅占全校学生的5%。最后，与国际知名院校的合作与交流也充满挑战。知名院校往往对合作伙伴有更高的标准，要求合作双方在教育资源、师资力量、科研实力等方面都能达到一定的水平。这对于一些实力较弱的应用型本科院校来说，无疑是一个巨大的挑战。

为了应对这些挑战，应用型本科院校需要制订科学合理的国际化办学策略，加强国际化办学的管理和协调。同时，加大投入力度，提升学校的国际化办学水平。此外，还需要加强师生对国际化办学的认识和理解，培养他们的国际视野和跨文化交流能力。只有这样，应用型本科院校才能在国际化办学的大潮中立于不败之地。

二、教育资源配置的挑战

在教育领域，资源配置的合理性直接关系到教育质量和教育公平。对于应用型本科院校而言，随着教育规模的扩大和需求的增长，教育资源配置问题愈发凸显，成为制约其发展的重大挑战。

首先，区域间与校际间教育资源分布不均衡。数据显示，东部沿海地区的应用型本科院校在教育资源投入上普遍高于中西部地区。以上海市为例，其应用型本科院校的生均教育经费是某些中西部省份的两倍之多。这种不均衡不仅体现在资金投入上，还体现在师资力量、教学设备、实践基地等多个方面。这种不均衡直接影响了欠发达地区院校的教学质量，也加剧了教育不公平现象。其次，教育资源需求与供给矛盾突出。随着社会对高等教育的需求不断增长，应用型本科院校也在不断扩大招生规模，增设新的专业和课程。然而，在这一过程中，教育资源的供给却难以跟上需求的增长。据调查，自2017年起，潍坊学院的招生规模增长了50%，但教育资源的投入仅增长了30%。这种供需矛盾不仅导致教学资源紧张，还影响了正常的教学秩序和科研工作的开展。最后，教育资源管理存在漏洞。在实际操作中，一些应用型本科院校在资源管理上存在问题。例如，在设备采购方面，由于缺乏科学的规划和论证，设备购置后使用率低，甚至长期闲置。这不仅浪费了宝贵的教育资源，也影响了院校的教学质量和科研水平。在师资力量建设方面，一些院校投入不足，导致教师队伍整体素质不高，难以满足教学需求。在实践教学环节上，一些院校缺乏必要的投入和管理，导致实践教学效果不佳，学生的实践能力和创新能力得不到有效培养。

综上所述，教育资源配置问题是应用型本科院校发展过程中必须面对和解决的。为了解决这一问题，需要政府、院校和社会各方面的共同努力和协作。政府应加大对教育资源的投入力度，优化资源配置结构；院校应加强内部管理，提高资源利用效率；社会应加强对教育的支持和关注，共同推动应用型本科院校的健康发展。

三、师资队伍建设的挑战

师资队伍是应用型本科院校建设和发展的基石，其素质和能力的高低直接影响院校的教育质量和科研水平。然而，在当前的教育环境中，应用型本科院校在师资队伍建设上面临着诸多挑战和难题，这些难题无疑给院校的健康、可持续发展带来了不小的压力。

首先，师资队伍结构不合理是一个不容忽视的问题。据2024年统计，在潍坊学院中，高级职称教师占比34.8%，青年教师占比高达61.2%。这种职称结构和年龄结构的不平衡，导致了教学经验和科研能力的相对不足。青年教师虽然富有激情和活力，但在教学经验和方法上可能稍显欠缺；高级职称教师虽然经验丰富，但数量上的不足限制了他们在科研和教学中的引领作用。其次，师资队伍的整体素质和能力有待提升。随着科技的不断进步和产业的快速发展，社会对人才的要求也在不断提高。然而，一些应用型本科院校的教师在专业知识、教学方法及实践能力等方面存在不足，难以适应这种变化。此外，部分教师缺乏创新意识和创新能力，难以在科研领域取得突破性成果。这种状况不仅影响了院校的教学质量和科研水平，也制约了院校在社会服务方面的发展。最后，师资队伍的稳定性也面临着严峻的挑战。一些应用型本科院校在待遇、发展机会等方面缺乏足够的吸引力，导致部分优秀教师流失。这些教师往往具有丰富的教学经验和科研能力，是院校的宝贵财富。他们的流失不仅给院校的教学秩序和科研进度带来了极大的影响，也对院校的声誉和长远发展产生了负面影响。

为了解决这些问题，应用型本科院校需要采取一系列措施。首先，应优化师资队伍结构，提高高级职称教师的比例，同时注重青年教师的培养和发展。其次，应加强教师的培训和学习，提高他们的专业素质和创新能力。最后，应改善教师的待遇和发展环境，增强他们的归属感和忠诚度。只有这样，才能建设一支高素质的、稳定的师资队伍，为院校的健康、可持续发展提供有力保障。

四、教育质量保障与提升的挑战

随着经济社会的快速发展和产业结构的不断升级，应用型本科院校面临着教育质量保障与提升的巨大压力。教育质量不仅是院校的生命线，更是评价院校办学水平和综合实力的重要指标。然而，当前应用型本科院校在教育质量保障与提升方面正遭遇着前所未有的挑战和困难。

首先，院校应正视日益激烈的高等教育竞争。教育部统计数据显示，我国高等教育毛入学率已超过60%，这意味着高等教育已逐渐走向普及化。在这样的背景下，高校之间的竞争愈发激烈，尤其是在招生、就业和科研等方面。为了在这场竞争中脱颖而出，应用型本科院校不得不提升教育质量，以满足社会和学生日益增长的需求。然而，这一过程并非易事，需要院校在师资、教学、科研等方面进行全面改革和创新。以潍坊学院为例，该校在过去几年中，为了提升教育质量，加大了对师资队伍的建设力度。通过引进高层次人才、培养青年教师、加强教师培训等措施，该校的师资队伍素质得到了显著提升。同时，该校还加强了与企业的合作，开展校企合作办学，引入行业专家参与教学工作，使学生能够更好地了解行业前沿技术和市场动态。这些措施的实施，使得该校的教育质量得到了明显提升，赢得了学生和社会的广泛认可。其次，院校应认识到提高人才培养质量也是面临的重要挑战。随着社会对人才需求的不断变化，应用型本科院校需要不断调整和优化专业设置与课程体系，加强实践教学和创新创业教育，以培养学生的实践能力和创新精神。据调查显示，有70%的用人单位认为院校毕业生的实践能力不足，这足以说明当前应用型本科院校在人才培养方面存在的问题。为了解决这一问题，许多应用型本科院校开始加强实践教学环节的建设。例如，潍坊学院建立了多个实训基地和实验室，为学生提供充足的实践机会；同时，该校还积极开展创新创业教育，鼓励学生参与创新创业项目，培养学生的创新精神和创业能力。这些措施的实施，使得该校的人才培养质量得到了显著提升。最后，院校应重视教学质量监控和评估，因为它是保障和提升教育质量的重要手段。应用型本科院校需要建立完善的教学质量监控体系，定期对教学活动进行评估和反馈，及时发现和解决教学中存在的问题。同时，院校还需要加强与社会和行业的联系，了解社会和行业对人才的需求，以便更好地调整和优化教育方案。只有这样，应用型本科院校才能在激烈的竞争中立于不败之地，为社会培养出更多优秀的人才。

第二章 应用型本科院校的教育理念

应用型本科院校的教育理念着重于应用能力培养、实践与创新力提升。这包括三大核心：以学生为中心，确保学生的个性化发展，提供多样化资源，激发其创新精神和实践能力；产学研结合，强调院校与产业界的紧密合作，共同推进人才培养和科技创新，为学生提供实践机会；以社会服务为导向，院校积极参与社会服务和公益活动，利用专业优势为社会提供技术支持，推动社会进步。这些理念相互关联，共同推动应用型本科院校的发展，致力于培养高素质人才。

第一节 以学生为中心的教育理念

在应用型本科院校的教育实践中，学生作为教育的主体，其参与教学决策的重要性日益凸显。学生参与教学决策不仅有助于提升教学质量，促进学生个性化发展，还能增强学生的主体意识和责任感。然而，当前应用型本科院校在学生参与教学决策方面仍存在一些问题，如学生参与程度不高、参与渠道不畅、参与效果不明显等。因此，构建一套科学合理的学生参与教学决策的机制显得尤为重要。

一、学生主体性的强调

（一）学生参与教学决策的理论依据

（1）在应用型本科院校中，学生参与教学决策的理念深深植根于教育民主化的思想。这种教育模式强调学生的核心地位，并赋予他们在教学过程中的参与权和决策权，充分展现了对学生主体性的尊重。通过让学生参与教学决策，可以使他们从单纯的学习接受者转变为教育过程的积极参与者，这样不仅能提升学生的主动性，还能增强他们的责任感，进而推动其全方位的发展。

（2）学生参与教学决策与建构主义学习理论高度契合。在应用型本科院校的语境下，这一理论更强调学生的主动学习和知识建构。当学生参与到教学决策中时，他们需要主动进行思考、表达观点、参与探讨，这样的过程有助于他们更深入地理解和掌握知识，进而形成自己独特的见解，从而有效提高学习效率。

（3）对于应用型本科院校的学生而言，参与教学决策对他们的自我成长和社会化进程具有深远的影响。这样的参与不仅能锻炼学生的决策、沟通和协作能力，还能帮助他们在实际操作中更深入地认识自我、理解社会，并塑造正确的价值观。这些技能和价值观的培育，对于他们日后在职场上的表现和在社会生活中扮演的角色都至关重要。

在实际的教育操作中，应用型本科院校可以广泛采用学生参与教学决策的模式。教师可以通过提出问题、组织研讨等方式鼓励学生积极参与教学决策。这样不仅能提升学生的学习兴趣，还能帮助他们更深入地把握学习内容。同时，院校可以建立如学生代表大会、教学反馈小组等机制，让学生参与到教学计划的制订和教学方法的改进中，从而提升教学质量，并促进学生的综合发展。

综上所述，对于应用型本科院校而言，学生参与教学决策不仅有着坚实的理论基础，还具有广泛的实际应用价值。在日常教育实践中，我们应充分认识到学生的主体性，鼓励他们积极参与到教学决策中，以推动学生的全面发展，并实现教学质量的持续提升。

（二）学生参与教学决策的机制

（1）学生参与教学决策是应用型本科院校实现教育民主化的关键环节。在这种教育模式下，学生的声音和选择被高度重视，打破了传统的以教师为中心的教学模式。学生不仅有权对教学内容和方法提出建议，还能直接参与到课程设计和教学策略的决策中。这种深度的参与和决策权，显著提升了学生在教学过程中的主体地位，进一步推动了教育的公正与平等。

（2）鼓励学生参与教学决策对于增强应用型本科院校的教育公平性具有积极意义。教育公平不仅要求资源分配的公正，更强调教学过程的公平。学生的直接参与可以确保教学内容和方法更加贴近他们的真实需求与兴趣，能够帮助院校充分考虑到学生群体的多样性和个性差异，从而有效避免一刀切的教学模式，实现真正意义上的教学公平。同时，学生的及时反馈也为教师提供了调整教学策略的依据，确保每个学生都能获得量身定制的学习计划。

（3）通过参与教学决策，应用型本科院校的学生能够培养起强烈的民主意识和公平观念。在决策过程中，学生学会倾听不同声音，尊重多元观点，并通过协商和妥协达成共识。这种实践不仅锻炼了学生的民主素养，也为他们未来在社会中积极参与公共事务打下了坚实基础。同时，学生对教育公平性的深刻理解将促使他们更加珍视并维护自己的教育权益，推动整个教育系统的公平与进步。

综上所述，在应用型本科院校中，学生参与教学决策与教育民主化、教育公平性紧密相连。学生的积极参与不仅提升了他们的主体地位，还促进了教育的全面公平。因此，我们应大力倡导并实践学生参与教学决策的理念，为构建更加民主、公平、高效的应用型本科教育环境而共同努力。

二、个性化教育计划的制订与实施

在应用型本科院校中，以学生为中心的教育理念要求教育者必须充分关注学生的个体差异，为每个学生制订并实施个性化教育计划，以满足其独特的学习需求和发展目标。下面将详细阐述个性化教育计划的制订与实施。

（一）个性化教育计划的制订

个性化教育计划的制订步骤如表 2-1 所示。

表 2-1　个性化教育计划的制订步骤

序号	步骤名称	主要内容与说明	示例或具体操作
1	深入了解学生需求与特点	收集学生的兴趣爱好、学习能力、职业规划等信息，建立学生个人档案	入学测试、问卷调查、面对面咨询
2	明确教育目标与方向	确定核心知识和技能，培养重点能力和素质，考虑职业规划和发展方向	设定具体的教育目标，如提高问题解决能力、创新能力等
3	制订个性化教育方案	涉及课程设置、教学方法、学习资源安排等	为特定学生安排高级数学课程和艺术选修课程
4	建立动态调整机制	定期评估学习进度和效果，及时调整教育计划	定期测试和评估，根据结果调整课程难度或内容

1. 深入了解学生需求与特点

在应用型本科院校中，为了制订切实有效的个性化教育计划，首要步骤是深入了解每个学生的独特需求和特点。这包括他们的个人兴趣、学业能力、学习风格偏好,以及未来的职业发展规划等。为实现这一目标,院校可以采用多种方式来收集关键信息。例如,通过进行入学能力测试来评估学生的学习潜力和专业倾向,通过问卷调查或面对面咨询了解学生对学习的期望和需求。又如,在新生入学时进行全面的专业倾向测试,并辅以详尽的问卷调查,以便为每个学生构建个性化的学习档案,从而更精准地为每个学生规划教育路径。

2. 明确教育目标与方向

在充分把握学生需求后,应用型本科院校需进一步明确个性化教育的核心目标和战略方向。这要求院校明确学生必须掌握的专业知识和技能,以及需要着重培育的综合素养。同时,结合学生个人的职业规划和行业发展趋势设定具体的教育目标。对于志在从事技术研发的学生,教育目标可能更聚焦于创新思维和问题解决能力的培养;对于打算投身市场营销的学生,则可能更强调沟通能力和市场洞察力的提升。

3. 制订个性化教育方案

根据既定的教育目标和方向,应用型本科院校需为每个学生设计量身定制的个性化教育方案。这涵盖根据学生的兴趣和专业方向来调整课程设置、选择恰当的教学手法,以及提供与行业发展紧密相关的学习资源。例如,个别在计算机科学领域表现出特殊兴趣和天赋的学生,院校可以安排更为深入的编程课程和参与实际项目开发的机会。同时,对于热爱时尚设计的学生,院校则可提供与设计相关的实践课程和行业实习的机会。

4. 建立动态调整机制

个性化教育计划的制订并非一成不变的,需要根据学生的学业进展和行业变化进行适时的动态调整。因此,应用型本科院校应构建一套高效的定期评估与反馈系统,以便及时追踪学生的学习成效和行业适应性。通过周期性的考核和学生反馈,院校能够准确掌握学生的学习状态,并据此对教育方案进行必要的调整。例如,一旦发现某些学生在特定领域展现出超凡的进步,院校可以迅速调整其学习计划,提供更多与该领域相关的深化课程和实践机会。这种灵活的调整机制可以确保个性化教育计划能够始终契合学生的真实需求和行业发展的最新趋势。

（二）个性化教育计划的实施

个性化教育计划的实施如表 2-2 所示。

表 2-2　个性化教育计划的实施

序号	主题	关键措施	具体内容
1	加强师资队伍建设	加强教师培训；引进优秀教师	定期举办教育教学研讨会、开展访学与交流活动、鼓励教师参与教育研究；招聘有经验、专业素养高的教师加入团队
2	优化教学资源配置	教学设施与图书资料投入；外部资源合作	更新教室设备、扩充图书馆藏书；与企业、研究机构建立合作关系，提供实践机会和案例
3	强化实践教学环节	校企合作与产学研结合；组织社会实践活动	建立企业实习基地、鼓励学生参与科研项目；组织社会调研、志愿服务等
4	建立多元化评价体系	采用多元化的评价方式；注重过程性评价与反馈	采用作品展示、项目汇报、实践操作等多种评价方式；进行学习进展跟踪和个别指导

1. 加强师资队伍建设

在应用型本科院校中，加强师资队伍建设是个性化教育计划成功实施的关键。为了构建一支高素质、专业化的师资队伍，院校应采取切实有效的措施加强教师的培训和引进。首先，可以定期举办教育教学研讨会，并邀请教育领域的专家学者进行讲座，使教师们能够接触到最新的教育理念和教学方法。同时，选拔有潜力的教师前往国内外知名高校进行访学与交流，以此拓宽他们的教育视野并提升其教学能力。此外，院校应建立激励机制，鼓励教师积极参与教育研究，深入探索个性化教学的有效策略，使每位教师都能成为学生个性化成长道路上的重要引导者。通过这些举措，能够打造出一支既懂教育又懂学生的专业化师资队伍，为个性化教育计划的实施提供有力支持。

2. 优化教学资源配置

优化教学资源配置对于应用型本科院校实施个性化教育计划至关重要。为了确保学生能在优质的学习环境中成长，院校应加大对教学设施、图书资料及实验室建设的投入。例如，可以更新教室设备，引入先进的智能教学系统，使教学更加生动有趣并符合学生的学习需求。同时，图书馆增加藏书量，引进更多国内外优秀的教育资源，以满足学生多元化的学习需求。此外，院校还应积极寻求外部合作，与企业、研究机构等建立紧密的合作关系，为学生提供更多的实践机会和真实案例，帮助他们在学习过程中更好地了解社会现实，并提高他们的实践能力和社会适应能力。

3. 强化实践教学环节

在应用型本科院校中，强化实践教学环节对于实现个性化教育目标具有重要意义。为了让学生能够将理论知识与实际操作相结合，院校应大力加强实践教学的比重和丰富性。可以通过创新的校企合作、产学研结合等模式，为学生提供多样化的实践机会。例如，与企业合作建立实习基地，使学生在真实的工作环境中亲身体验并解决实际问题。同时，鼓励学生参与科研项目，培养其科研素养和创新能力。此外，院校还可以组织丰富多彩的社会实践活动，如社会调研、志愿服务等，以帮助学生在实践中增长见识并提升综合能力。通过这些实践教学环节的设计和实施，能够更有效地帮助学生将知识转化为实际能力，培养出具备理论与实践双重能力的高素质人才。

4. 建立多元化评价体系

个性化教育计划的实施需要配以多元化的评价体系。传统的单一考试评价方式已无法满足个性化教育的需求。因此，院校必须改革评价方式，采用多元化的评价手段和方法来全面、客观地评价学生的学习成果和能力发展。除了传统的笔试和口试，还可以引入作品展示、项目汇报、实践操作等多种评价方式。这些方式能够更真实地反映学生的综合素质和实践能力。同时，院校还应注重过程性评价和及时反馈，通过定期的学习进展跟踪和个别指导帮助学生及时发现并纠正学习过程中的问题和不足。通过这样的评价体系改革，能够更准确地把握每个学生的学习状况和发展需求，为他们的个性化成长提供有力的支持。

三、学生自主学习能力的培养策略

在应用型本科院校中，强调以学生为中心的教育理念，必须重视对学生自主学习能力的培养。自主学习能力是学生终身学习和持续发展的关键能力，对于其未来的职业发展和个人成长具有重要意义。

（一）构建自主学习环境

1. 重视并优化学习资源配置

为了全面提升学生的学习效果，应用型本科院校必须重视并优化学习资源的配置。这不仅涉及增加图书馆的藏书量和更新实验室的先进设备，还包括完善校园网络资源，以便为学生提供更丰富、前沿的学习资料和高效的学习工具。除此之外，院校应积极寻求外部合作与资源共享，引进高品质的学习资源，如著名的在线课程和权威的电子图书。这样，学生可以根据自己的学习需求和兴趣选择更多样化的学习材料，实现个性化的学习路径。这些举措旨在确保学生在知识的海洋中自由遨游，为他们的全面发展和未来的职业生涯奠定坚实的基础。

2. 积极打造多样化的互动交流平台

在信息化日新月异的时代背景下，应用型本科院校应积极打造多样化的互动交流平台，从而促进学生间的学术交流和合作。例如，可以建立校内学术论坛，鼓励学生在论坛上发帖讨论学术问题，分享最新的学习资料和独特的学习心得。同时，设立在线答疑系统，使学生能够随时随地向教师或同学寻求帮助，及时解决学习过程中的疑惑。这些平台的建立将极大地提升学生的学习效率和热情，促进学生自主学习和团队协作能力的培养。

3. 努力营造开放、包容的学习氛围

为了有效培养学生的创新意识和实践能力，应用型本科院校必须努力营造开放、包容的学习氛围。在这样的环境中，学生将更有勇气尝试新事物，挑战传统观念，进而迸发出更多的创新思维和独特见解。同时，院校应充分尊重每个学生的个体差异和学习风格，避免采取一刀切的教学方式。通过提供个性化的学习支持和专业指导，如一对一辅导和定制学习计划，院校可以帮助每个学生找到最适合自己的学习路径，实现真正的因材施教。这种教育环境不仅有助于提升学生的学习成效，还能培养他们的自信心和自主能力，促使学生全面发展。

(二)培养自主学习意识

1. 院校采取多种教育方式

为了引导学生深刻认识到自主学习的重要性，应用型本科院校应当采取多种教育方式。在课堂教学中，教师可以结合课程内容，自然而然地引入自主学习的理念，让学生明白自主学习的核心价值所在。同时，院校可以组织专题讲座，邀请行业内的专家或已经毕业的优秀学生，分享他们的自主学习历程和取得的成果。通过这些真实的案例，激发学生对自主学习的热情和向往。这样的教育活动不仅有助于学生认识到自主学习对于提高学术成绩的重要性，更能让他们理解自主学习在锤炼个人能力、培养终身学习习惯方面的关键作用。通过这些努力，期望学生能够深刻认识到自主学习对个人成长和未来发展的深远影响，从而更加积极地投入到自主学习中去。

2. 教师承担指导学生制订学习目标和计划的职责

在应用型本科院校中，教师应承担起指导学生制订学习目标和计划的重要职责。在这一过程中，教师需要与学生进行一对一的深入沟通，充分了解学生的个人兴趣和学习需求。在此基础上，教师应指导学生设定清晰明确的学习目标，既包括长远的规划，也包括短期内可实现的小目标。接下来，根据这些目标，师生应共同制订出详尽的学习计划，涵盖学习内容、方法及时间安排等各个方面。在实施计划的过程中，学生需要按照既定的步骤开展学习活动，并定期对自己的学习情况进行自我评估和调整。同时，教师需要定期检查学生的学习进度，提供必要的指导和反馈。通过这样的流程，学生不仅能够有条不紊地推进自己的学习计划，而且能在教师的悉心指导下不断优化学习策略，从而更高效地达成学习目标。

3. 激发学生的内在学习动机

在应用型本科院校中，激发学生的内在学习动机对于提升学习效果至关重要。教师可以通过精心设计教学内容和方法，以生动有趣的方式呈现知识，从而激发学生的浓厚兴趣和好奇心。在课堂上，教师应设置具有挑战性的学习任务，让学生在解决问题的过程中体验到成就感和满足感，这有助于激发他们的学习动力。同时，教师还应关注学生的情感需求，及时给予正面的反馈和鼓励，以增强他们的学习自信心。此外，引导学生参与课外实践活动也是一个有效的途径，让学生在实际操作中感受到学习的乐趣和实用价值，从而进一步激发他们的学习动力。这些措施的综合运用，可以有效地提升学生的内在学习动机，进而提高他们的学习效果。

（三）提升自主学习技能

1. 培养信息获取与处理能力

在信息时代，学生必须具备良好的信息获取与处理能力，这是他们未来职业生涯中不可或缺的技能。为此，应用型本科院校应着重加强这一方面的教育。例如，可以开设专门的信息素养课程，或者邀请行业专家进行讲座，教授学生如何高效地使用搜索引擎、数据库和信息筛选工具，从而快速准确地获取所需信息。更重要的是，学生需要学会如何对海量信息进行筛选、分类和整合，提炼出有价值的信息，并运用到实际学习和工作中。例如，潍坊学院的学生在进行课程设计时，通过精准的信息检索和整合成功找到了与市场趋势相匹配的项目方向，不仅赢得了教师的赞誉，还在实践中锻炼了自己的信息处理能力。这样的案例充分说明了信息获取与处理能力的重要性，以及院校加强这方面教育的必要性。

2. 加强时间管理与自我监控能力

自主学习不仅仅是对知识的探索，更是一种对自我管理和监控的挑战。对于应用型本科院校的学生来说，有效地管理时间和自我监控是成功的关键。院校应当通过多元化的教育方式，如举办时间管理讲座、分享成功人士的时间规划经验，来帮助学生建立科学的时间管理观念。同时，案例分析是一种非常实用的教学方法，通过分析真实的时间管理成功或失败的例子，学生可以更加直观地了解到合理安排时间的重要性。此外，院校还应着重培养学生的自我监控能力，教会他们如何对自己的学习过程进行持续的反思和调整。这样，学生不仅能在学业上取得更好的成绩，还能在未来的职业生涯中展现出更好的自我管理和适应能力。

3. 发展批判性思维与创新能力

在快速发展的社会中，批判性思维和创新能力显得尤为重要，它们是自主学习不可或缺的组成部分。应用型本科院校应当致力于培养学生的这两种能力，以适应未来社会的多变需求。院校可以开设专门的课程，引导学生学会独立思考，教育他们不盲目接受信息，而是学会分析和评价所接收到的知识。同时，组织各类讨论活动，鼓励学生发表自己的观点，通过辩论和探讨，进一步锻炼他们的批判性思维。创新能力则需要通过实践来培养，院校可以提供创新实验室或项目，让学生在解决实际问题的过程中发挥想象力和创造力。这样，学生不仅能够掌握扎实的专业知识，还能够具备独立思考和创新的能力，为未来的职业生涯奠定坚实的基础。

（四）建立自主学习评价体系

1. 构建多元化评价体系

在应用型本科院校中构建多元化评价体系至关重要。传统的单一考试评价方式已无法满足对学生全面发展的评估需求。因此，院校应积极采用多元化的评价手段和方法，旨在全面而精准地评价学生的自主学习成果和能力发展。例如，对于工程类专业，可以通过学生完成的实际工程项目来评估其理论与实践相结合的能力；对于艺术类专业，可以通过学生的创作作品来评估其艺术才华和创新思维。

2. 注重过程性评价与反馈

应用型本科院校在培养学生的过程中应特别注重过程性评价与反馈。自主学习能力的培养是一个持续的过程，院校需要时刻关注学生的学习进展，及时发现并指出存在的问题。通过课堂互动、作业批改、定期的学习反馈会议等方式，教师可以为学生提供有针对性的指导和建议。这样，学生不仅能够及时调整学习策略和方法，还能够在与教师的交流中深化对专业知识的理解，提升自主学习的效果。

3. 鼓励学生自我评价与反思

自我评价与反思在自主学习中扮演着举足轻重的角色。应用型本科院校应当积极引导学生学会这一技能，使他们能够客观审视自己的学习成果和不足。例如，潍坊学院设立"学习反思日志"制度，要求学生定期记录自己的学习心得和体会，促进他们进行深入的思考。以潍坊学院计算机专业学生小张为例，他在完成一个软件开发项目后，进行了详细的自我评价与反思。小张不仅总结了项目中的成功经验，还坦诚地分析了自己在项目管理和团队协作方面的不足。这种自我评价与反思的实践使小张在后续的学习中更加明确了自己的提升方向，也为他未来的职业发展奠定了坚实的基础。通过这样的案例可以看到，鼓励学生自我评价与反思不仅能够提升他们的自主学习能力，还能够培养他们的批判性思维和终身学习的习惯。

（五）发挥教师在自主学习中的作用

1. 变革教师角色与思维

在应用型本科院校中，为了培育学生的自主学习能力，教师需要从单纯的知识传授者转变为学习引导者和推动者。这意味着教师应更关注学生的实操能力和职业发展需求，为他们提供与行业紧密相关的学习支持和指导。例如，潍坊学院的一位专业教师在识别到学生对一些专业技能掌握不够深入后，创新性地设计了基于实际工作流程的实践项目，引导学生通过模拟真实工作环境中的任务来深化对专业知识的理解。同时，该教师还积极利用在线教育资源与学生进行实时互动，针对性地解决学生在学习中遇到的问题，从而极大地提升了学生的自主学习兴趣和实操能力。

2. 增强教师实战指导能力

在应用型本科院校背景下，教师的实战指导能力尤为重要。院校应提供与行业紧密相关的培训，帮助教师了解最新的行业动态和技术发展，从而更好地指导学生。例如，潍坊学院经常组织教师参加企业实训和行业研讨会，让他们亲身体验并掌握最新的应用技术。通过这些实战经验的积累，教师能够为学生提供更加贴近实际工作的学习建议，有效引导他们自主学习和独立解决问题。

3. 构建师生互动与实践机制

在应用型本科院校中，师生互动应更加注重实践环节。院校应建立起鼓励师生互动和实践的机制，促进教师与学生之间的经验分享和技能交流。例如，潍坊学院设立了多个实践平台，包括实验室、工作室和实训基地，让学生在教师的指导下进行实际操作。同时，潍坊学院还建立了线上互动系统，方便学生随时向教师请教问题，教师也能及时提供反馈。这种线上线下相结合的互动模式不仅增强了学生的实操能力，也提升了他们的自主学习能力。

在应用型本科院校环境中，学生自主学习能力的提升需要院校提供与行业紧密相关的实践机会，需要教师不断更新自己的知识和技能，而学生需要主动参与各种实践活动。通过构建实践导向的学习环境、增强师生互动、提供行业相关的培训指导等策略，可以有效提高学生的自主学习和实际应用能力。潍坊学院就是一个成功的例子，通过实施这些策略，该校已经培养出大量具有实战经验和自主学习能力的高素质人才。

四、学生发展的全面关注

（一）学术与非学术能力的平衡发展

学术与非学术能力的平衡发展在应用型本科院校教育工作中具有举足轻重的地位。通过平衡发展学生的学术与非学术能力，院校能够更全面地提升学生的综合素养和竞争力。这不仅有助于学生更好地满足社会需求，还能为他们的未来职业发展和个人成长奠定坚实的基础。在应用型本科院校中，学生的全面发展已成为教育工作的核心目标。

1. 学术与非学术能力平衡发展的重要性

学术能力是学生进行科学研究、掌握专业知识的基石。在应用型本科院校中，这种能力的培养主要通过课堂教学、实验实训及科学研究等方式进行。然而，单纯的学术能力并不足以应对日新月异的社会环境。非学术能力，如沟通协作、创新思维及批判性思维，同样对学生未来的职业成长至关重要。

学术与非学术能力平衡发展的重要性在于它有助于学生更好地适应社会需求。如今，企业越来越看重应聘者的综合素质，那些既拥有坚实学术背景又具备出色非学术技能的学生在职场上更具有竞争力。因此，平衡这两种能力有助于提升学生的就业优势及职业发展潜力。此外，这种平衡还有助于培养学生的综合素养和创新能力。学术能力为他们打下坚实的理论基础，而非学术能力能激发他们的创新思维。2023年山东省应用型本科院校学生能力调研情况如表2-3所示。

表2-3 2023年山东省应用型本科院校学生能力调研情况

能力类型	重要性评级（1~10）
学术能力	8.5
沟通协作	8.3
创新思维	8.2
问题解决	8.4

2. 学术与非学术能力平衡发展的实施策略

（1）优化课程设置，实现学术与非学术的融合。应用型本科院校应对课程进行全面优化，以更好地结合学术及非学术教育。在课程设计上，应打破传统学术课程的框架，引入更多实际案例和实践环节。例如，在专业课上，除了传统的理论教学，可以通过引入真实案例让学生进行分组讨论，这样不仅能加深学生对专业知识的理解，还能使学生在分析问题和解决问题的过程中加强沟通协作能力。在通识课程中，除了传授基本知识，还应更多地融入创新思维和批判性思维的培养内容，通过组织辩论、写作、项目设计等活动，激发学生的创新思维，提升他们的独立思考能力。

（2）通过实践活动提升非学术能力。实践活动是提升学生非学术能力的关键途径。院校应积极组织和鼓励学生参与各类实践活动，如社会实践、志愿服务、创新创业等，这些活动不仅能让学生亲身体验社会，还能在实践中锻炼他们的组织协调能力、沟通能力和解决问题的能力。同时，为确保活动的有效性和安全性，院校应提供全程的指导和监督，并在活动结束后进行及时的评估和反馈。例如，在潍坊学院实施的"校园创业计划"项目中，学生不仅通过实践提升了商业策划和团队合作能力，更重要的是，他们成功孵化出了多个具有市场潜力的创业项目，这无疑是对学生实践能力和创新精神的最好肯定。

（3）加强师资培训，提升教学质量。教师在培养学生的学术和非学术能力方面发挥着举足轻重的作用。因此，院校应高度重视对教师的培训和发展，不断提升他们的教学水平和综合素养。通过定期参加学术研讨会、教学技能培训、非学术能力提升课程等活动，教师能够不断更新教育观念，提高教学能力，从而更有效地指导学生全面发展。同时，院校还应鼓励教师积极参与学术研究，提升自身学术水平，以便更好地将学术前沿知识融入教学中，激发学生的学习兴趣和探究精神。

（4）建立全面、多元的评价体系。传统的以考试成绩为主的评价方式已经无法全面反映学生的能力水平和发展潜力。因此，院校必须建立一个更加全面、多元的评价体系，将学术能力与非学术能力的评价有机结合起来。这个体系应该包括对学生的课堂表现、作业质量、实践活动参与度、团队协作能力等多个方面的综合考量。通过多元化的评价方式，不仅能更全面地了解学生的能力状况，还能激励学生实现全面发展。

(二）学生职业素养与社会责任感的培育

在应用型本科院校的教育理念中，学生的职业素养和社会责任感的培育是至关重要的。这既关乎学生个体的综合成长，也对社会的持续进步有着深远的影响。因此，院校需通过多元化的教育手段，全方位地塑造学生的职业素养并激发他们的社会责任感。

1. 职业素养的培育

职业素养是指从事某一职业所必备的素质和能力，包括专业知识、职业技能、职业道德、职业态度等多个方面，如表 2-4 所示。在应用型本科院校中，职业素养的培育应当贯穿整个教育过程。

表 2-4 职业素养培育的主要方面

序号	主要方面	培育重点
1	专业知识	系统课程与实践机会
2	职业技能	课外实践与社团活动
3	职业道德	课堂教学与案例分析
4	职业态度	实践活动与正确引导

（1）专业知识与职业技能的培养。院校应当提供系统的专业课程和实践机会，使学生掌握扎实的专业知识和熟练的职业技能。同时，院校还应鼓励学生参与课外实践活动和社团活动，拓宽学生的知识面，提升学生的实际操作能力。

（2）职业道德与职业态度的塑造。除了专业知识和职业技能，职业道德和职业态度也是职业素养的重要组成部分。院校应当通过课堂教学、实践活动、案例分析等多种方式引导学生树立正确的职业观念，培养学生良好的职业道德和职业态度。

2. 社会责任感的培育

社会责任感是指个体对社会公共事务的关心和参与程度，以及愿意为社会作出贡献的意识和行为。在应用型本科院校中，社会责任感的培育同样重要。社会责任感体现了个人对社会的关注与贡献。表 2-5 为社会责任感培育的途径。

表 2-5 社会责任感培育的途径

序号	培育途径	实施方式
1	公民意识教育	思想政治教育、公民道德教育课程
2	社会实践	志愿服务、社会调查、科技推广
3	校园文化影响	讲座、展览、演出等

（1）公民意识的培养。院校应当通过思想政治教育、公民道德教育等课程，引导学生树立正确的世界观、人生观和价值观，增强公民意识和社会责任感。同时，院校还应鼓励学生积极参与社会公益活动，通过实际行动践行社会责任。

（2）社会实践的参与。社会实践是培育学生社会责任感的重要途径。院校应当组织学生参与各种社会实践活动，如志愿服务、社会调查、科技推广等，让学生在实践中了解社会、服务社会，增强社会责任感。

（3）校园文化的熏陶。校园文化对学生社会责任感的培养具有潜移默化的影响。院校应当积极营造健康向上、富有社会责任感的校园文化氛围，通过举办讲座、展览、演出等活动，传播正能量，激发学生的社会责任感。

3. 职业素养与社会责任感培育的融合

在应用型本科院校中，职业素养和社会责任感的培育不是孤立的，而是相互融合、相互促进的。院校应当在教育过程中注重二者的有机结合，使学生在提升职业素养的同时，也增强社会责任感。例如，院校可以开设跨学科的综合课程，将专业知识与社会问题相结合，让学生在解决实际问题的过程中提升职业素养和社会责任感。此外，院校还可以与企业、社区等合作，建立教育实践基地，让学生在实践中锻炼职业素养，同时了解社会、服务社会。

应用型本科院校应当高度重视学生职业素养和社会责任感的培育工作，通过多种途径和方式系统地培养学生的职业素养和社会责任感，为社会的发展和进步贡献自己的力量。

（三）学生心理健康与辅导服务的提供

面对学业、人际关系、职业规划等多重挑战，学生需要得到及时有效的心理支持和专业辅导。因此，院校应当建立健全心理健康与辅导服务体系，以满足学生的个性化需求。

1. 心理健康教育的普及

院校应将心理健康教育深度融入课程体系中,通过精心设计的必修或选修课程,广泛传播心理健康的基础知识。课程内容应涵盖心理健康的基本概念、常见心理问题的辨识与应对策略、有效的心理调适技巧等。此外,定期举办讲座和工作坊可以进一步增强心理健康教育的渗透力和实效性。心理健康教育课程框架如表 2-6 所示。

表 2-6 心理健康教育课程框架

序号	课程内容	教学目标
1	心理健康基础	理解心理健康的重要性
2	心理问题识别	学会辨识和处理常见心理问题
3	心理调适技巧	掌握有效的自我调适方法

2. 心理辅导服务的提供

(1)建立专业心理辅导团队。院校应当组建由心理学专业背景的教师和心理咨询师组成的专业辅导团队,为学生提供个体咨询、团体辅导、心理测试等服务。个体咨询可以针对学生的具体问题进行深入分析和指导;团体辅导可以通过小组讨论、角色扮演等活动帮助学生解决共性问题;心理测试可以帮助学生了解自己的心理状态,为后续的辅导提供依据。

(2)设立心理辅导中心。院校应当设立心理辅导中心,配备专业的咨询室、测试室、团体活动室等设施,为学生提供舒适、私密的咨询环境。同时,心理辅导中心还应当建立严格的保密制度,确保学生的隐私得到保护。

(3)建立学生心理档案。为了更好地了解学生的心理状况,提供有针对性的辅导服务,院校应当为每个学生建立心理档案。心理档案可以记录学生的基本信息、家庭背景、学习情况、心理健康状况等内容,为辅导人员提供参考依据。

3. 心理危机干预机制的建立

面对可能出现的心理危机事件,如学生自杀、自伤等,院校应当建立快速有效的心理危机干预机制。这包括建立心理危机预警系统,及时发现和评估学生的心理危机;制订心理危机干预预案,明确干预流程和责任人;建立心理危机干预团队，提供紧急心理援助和后续跟踪服务等。

在 2022 年，潍坊学院心理危机干预团队成功处理了 10 起心理危机事件，平均响应时间不超过 24 小时。

4. 心理健康与辅导服务的创新

随着科技的发展和教育模式的变革，心理健康与辅导服务也需要不断创新。院校可以探索将现代科技手段应用于心理健康与辅导服务中，如开发在线心理咨询平台、利用大数据技术进行心理问题分析等。同时，院校还可以尝试将心理健康教育与学科教学相结合，形成跨学科的心理健康教育模式。心理健康服务创新方向如表 2-7 所示。

表 2-7　心理健康服务创新方向

序号	创新方向	实施措施
1	AI 技术应用	引入智能聊天机器人提供初步心理咨询
2	VR 技术应用	利用 VR 技术进行心理辅导场景模拟

注：VR 指虚拟现实，英文全称为 Virtual Reality。

5. 心理健康与辅导服务的评估和改进

为了确保心理健康与辅导服务的质量和效果，院校应当定期对服务进行评估和改进。评估可以包括对学生心理健康状况的调查、对辅导服务的满意度调查等。通过定期的满意度调查和心理健康状况评估，院校可以精准掌握服务效果，并根据反馈不断优化服务内容和方式。例如，2023 年潍坊学院服务满意度调查显示，90% 的学生对心理健康服务表示满意或非常满意。

应用型本科院校应当高度重视学生心理健康与辅导服务的提供工作，通过心理健康教育的普及、心理辅导服务的提供、心理危机干预机制的建立、心理健康与辅导服务的创新、心理健康与辅导服务的评估与改进等途径，为学生的心理健康保驾护航，促进学生的全面发展。

五、教育环境的优化与创新

（一）学习资源的丰富与共享机制

在应用型本科院校的教育理念中，学习资源的丰富与共享机制是优化教育环境、提升学生学习效果的关键环节。随着信息技术的迅猛发展和教育模式的不断创新，学习资源的获取、整合和共享变得愈发重要。因此，建立学习资源的丰富与共享机制，对于促进学生的全面发展、提高教育质量具有十分重要的意义。

1. 学习资源的丰富性建设

（1）多元化资源来源。院校应积极拓展学习资源的来源，包括图书馆藏书、电子资源、在线课程、校企合作项目、社会实践经验等，如表 2-8 所示。通过多渠道搜集和整合，形成覆盖多个学科领域、适应不同学习需求的多元化资源体系。

表 2-8 多元化资源来源

序号	资源类型	示例
1	图书馆藏书	教科书、专业书籍
2	电子资源	电子图书、研究论文
3	在线课程	慕课、微课
4	校企合作项目	实战案例、项目报告
5	社会实践经验	实习报告、社会调研报告

（2）更新与维护机制。建立定期更新学习资源的机制，通过数据监控确保资源的时效性和准确性。例如，每年对电子资源进行部分更新，对过时的资源进行淘汰或内容刷新，对于新兴领域如 AI、大数据等知识及时补充前沿论文和实践案例，保持学习资源的生命力和对学生的吸引力。

（3）个性化资源推荐。依据学生的兴趣图谱、专业选择和发展规划，提供个性化的学习资源推荐服务。借助数据分析工具和智能推荐算法，如协同过滤或内容基础推荐，帮助学生发现与自身最匹配的学习路径和资源组合。

2. 学习资源的共享机制

（1）校内资源共享平台。建立校内统一的学习资源共享平台，实现各部门、各学院之间的资源共享与互通。学生通过平台可以轻松获取全校范围内的学习资源，提高资源的利用效率和便捷性。

（2）跨校合作与共享。加强与其他高校的合作与交流，推动校际间的资源共享。通过共建共享课程、联合开展科研项目、互认学分等方式，实现优质教育资源的互通有无，拓宽学生的学术视野。

（3）社会资源整合。积极整合社会资源，与企业、行业协会、研究机构等建立合作关系，引入更多实践性强、与行业紧密相关的学习资源。这有助于学生更好地了解社会需求，提高职业适应能力和竞争力。

3. 技术支持与保障机制

（1）信息化技术支持。运用现代信息技术手段，如云计算、大数据、AI等，为学习资源的丰富与共享提供技术支持。通过构建智能化的学习管理系统、资源推荐系统等，提升学习资源的管理效率和使用体验。

（2）培训与推广。加强对教师和学生的信息技术培训，提高他们的信息素养和资源获取能力。同时，通过举办讲座、研讨会等活动，推广学习资源的使用方法和共享理念，营造积极的学习氛围。

（3）政策与制度保障。制定和完善相关政策与制度，如知识产权保护政策、资源共享协议等，为学习资源的丰富与共享提供法律保障和制度支持。同时，建立激励机制，鼓励教师积极参与资源共享和课程建设工作。

4. 评估与反馈机制

（1）资源质量评估。定期对学习资源的质量进行评估和审查，确保资源的准确性和有效性。通过专家评审、学生反馈等方式，及时发现和改进资源中存在的问题和不足。

（2）使用效果反馈。收集学生对学习资源的使用情况和反馈意见，了解他们的学习需求和偏好。根据反馈结果，及时调整资源建设和共享策略，以满足学生的实际需求。

（3）持续改进与优化。基于评估与反馈结果，对学习资源的丰富与共享机制进行持续改进和优化。通过不断完善资源体系、提升技术水平、优化管理流程等措施，推动学习资源的可持续发展和高效利用。

应用型本科院校应致力于构建完善的学习资源丰富与共享机制，借助多元化资源建设、高效的共享平台、强大的技术支持、健全的保障机制及科学的评估与反馈体系，为学生提供丰富、便捷、高效的学习资源，从而有效提升学生的学习效果和个人发展潜力，为社会培养出更多高素质的应用型人才。

（二）互动式与参与式教学方法的应用

在应用型本科院校的教育理念中，互动式与参与式教学方法的应用是提升学生学习效果、培养其主动性和创新精神的重要手段。传统的教学方法往往以教师为中心，学生处于被动接受的状态；而互动式与参与式教学方法强调学生的主体地位，鼓励他们积极参与到教学过程中，与教师和其他同学进行互动，从而深化对知识的理解和应用。

1. 互动式教学方法的应用

（1）课堂讨论与提问。教师在课堂上提出问题，引导学生进行讨论和思考。通过提问和回答的方式，激发学生的学习兴趣，提高他们的思维能力和口头表达能力。同时，教师可以根据学生的反馈及时调整教学内容和方法。

（2）小组合作学习。将学生分成若干小组，每组分配不同的学习任务。小组成员之间互相合作、讨论，共同完成任务。这种方法有助于培养学生的团队合作精神和沟通能力，同时也能让他们在实践中深化对知识的理解。

（3）角色扮演与模拟。根据教学内容设置特定的情境，让学生扮演不同的角色进行模拟表演。通过角色扮演，学生可以更加深入地理解知识在实际生活中的应用，同时也能提高他们的应变能力和创造力。

潍坊学院传统教学与互动教学的效果对比如表2-9所示。

表2-9 潍坊学院传统教学与互动教学的效果对比　　　　　单位：%

教学方法	学生参与度	知识理解度	能力提升度
传统教学	60	70	65
互动教学	90	95	90

2. 参与式教学方法的应用

（1）项目式学习。教师引导学生参与到实际的项目中，如科研项目、社会实践项目等，学生在项目的实施过程中需要运用所学知识解决实际问题。这种方法有助于培养学生的实践能力和创新能力，同时也能让他们更加明确自己的学习目标和职业方向。

（2）案例分析。教师提供与教学内容相关的实际案例，引导学生进行分析和讨论。通过案例分析，学生可以更加深入地理解知识的实际应用价值，也能提高他们的分析问题和解决问题的能力。例如：

案例研究："智能垃圾桶设计"项目。

目标：设计一个能自动分拣垃圾的智能垃圾桶。

过程：学生团队进行市场调研、设计原型、编程实现功能。

成果：成功开发出原型，并获得多项创新奖项。

（3）学生主导的课堂。在一些课程中，可以尝试让学生成为课堂的主导者。他们可以选择自己感兴趣的主题进行研究和展示，其他同学则进行提问和讨论。这种方法有助于培养学生的自主学习能力和创新精神，同时也能提高他们的自信心和表达能力。

3. 互动式与参与式教学方法的结合应用

在实际的教学过程中，可以将互动式与参与式教学方法结合起来应用。例如，可以在课堂讨论的基础上引导学生进行小组合作学习或项目式学习，也可以在案例分析的过程中穿插角色扮演与模拟等互动环节。这种结合应用的方式可以更加全面地提升学生的学习效果和能力。

4. 实施策略与注意事项

（1）教师角色的转变。在应用互动式与参与式教学方法时，教师需要转变自己的角色，从知识的传授者转变为学生的引导者和合作者。教师需要关注学生的需求和兴趣，根据学生的反馈及时调整教学策略。

（2）学生能力的培养。在应用互动式与参与式教学方法时，需要注重培养学生的各项能力，包括思维能力、表达能力、合作能力、实践能力等。同时，需要关注学生的个体差异，为每个学生提供适合其发展的机会。

（3）评价方式的改革。传统的以考试成绩为主的评价方式已经无法满足互动式与参与式教学方法的需求。因此，需要改革评价方式，将学生的参与程度、合作能力、实践成果等纳入评价体系中。

（4）教学资源的支持。为了保证互动式与参与式教学方法的顺利实施，院校需要提供相应的教学资源支持，如多媒体教室、实验室、实践基地等。同时，需要加强对教师的培训和支持，提高他们的教学能力和水平。

互动式与参与式教学方法在应用型本科院校中具有举足轻重的地位。这些方法能有效激发学生的学习兴趣,提升其学习效果和综合能力。同时,这也需要教师、院校和社会的共同支持与努力,以确保教学方法的持续优化和实施。

(三)教育技术的整合与创新实践

在应用型本科院校的教育理念中,教育技术的整合与创新实践是提升教学质量、推动教育改革的重要手段。随着科技的快速发展,教育技术的不断更新与整合为院校教育带来了无限可能。本部分将从教育技术的整合与创新实践的意义、教育技术的整合策略、教育技术的创新实践、面临的挑战与解决对策进行详细阐述。

1. 教育技术的整合与创新实践的意义

(1)提升教学质量。通过整合多种教育技术,教师可以采用更加多样化、生动化的教学手段激发学生的学习兴趣,提高教学效果。

(2)促进教育公平。教育技术的普及和应用有助于打破地域、时间等限制,让更多的学生享受到优质的教育资源。

(3)推动教育改革。教育技术的整合与创新实践可以推动教学模式、教学方法、评价体系等方面的改革,使教育更加符合时代的发展需求。

潍坊学院教育技术应用前后教学效果对比如表2-10所示。

表2-10　潍坊学院教育技术应用前后教学效果对比　　　　单位:%

教学指标	应用前	应用后
学生参与度	60	90
成绩提升率	10	30

2. 教育技术的整合策略

(1)构建统一的教育技术平台。院校应建立一个统一的教育技术平台,将各种分散的教育技术资源进行整合,方便师生使用。

(2)加强与课程的整合。教育技术的应用应与课程内容紧密结合,避免出现"两张皮"现象。教师可以通过技术手段将抽象的知识具象化,帮助学生更好地理解与掌握。

(3)提升教师的技术整合能力。院校应加强对教师的教育技术培训,提高他们的技术整合能力，让他们能够熟练运用各种教育技术辅助教学。

3. 教育技术的创新实践

（1）探索新型教学模式。利用教育技术，教师可以尝试翻转课堂、慕课、微课等新型教学模式，让学生在课前、课中、课后都能进行自主学习。

（2）个性化教学支持。通过数据分析、智能推荐等技术手段为学生提供个性化的学习路径和资源推荐，满足他们的个性化需求。

（3）虚拟仿真实验教学。对于一些高成本、高风险或难以在传统实验室进行的实验，可以利用虚拟仿真技术进行模拟实验，让学生在安全的环境下进行实践操作。

4. 面临的挑战与解决对策

（1）技术更新问题。教育技术的更新速度非常快，院校需要持续投入人力、物力、财力进行跟进和维护。对此，院校可以与企业合作共同研发适合教育需求的技术产品。

（2）教师技术接受度问题。部分教师可能对新技术的接受度不高，或者担心技术使用不当会影响教学效果。院校可以通过组织培训、开展技术竞赛等方式，提高教师的技术接受度和应用能力。

（3）学生自律性问题。在教育技术的使用过程中，学生的自律性也是一个重要的问题。院校需要建立完善的管理机制和监督机制，确保学生能够合理使用教育技术进行学习。

院校需要加强对教育技术的投入和管理，提高教师和学生的技术应用能力，充分发挥教育技术在教育教学中的优势作用。同时，需要关注技术使用过程中可能出现的问题和挑战，及时采取对策进行解决和优化。

第二节　产学研结合的教育理念

本节将深入探讨产学研结合的教育理念。通过整合产业、学术和研究 3 个方面的优势资源，构建高效的人才培养与知识创新机制。该理念强调实践教学的重要性，鼓励学生将理论知识与实际应用相结合，同时强化企业与院校的合作，促进科研成果的转化与应用,为培养具备创新精神和实践能力的优秀人才奠定坚实基础。

一、产学研结合的重要性

(一) 提升教育质量与适应行业需求

产学研结合被视为提升教育质量和适应行业需求的重要途径。这种结合不仅有助于院校更好地了解社会和市场的实际需求,还可以为学生提供更加贴近实际的学习和实践机会,从而培养出更加符合社会需求的高素质人才。

1. 产学研结合对教育质量的提升

产学研结合促进了课程框架与内容设置的优化。通过深度的校企合作,教育机构能更精确地掌握市场对人才知识、技能和综合素养的要求,从而调整和完善课程体系,确保教育内容与行业需求无缝对接。例如,某院校与当地一家知名制造企业合作,根据企业反馈调整机械工程专业课程,增设了智能制造和自动化技术相关内容,显著提升了学生的就业竞争力。

实践教学在产学研结合中占据了重要地位。院校与企业共同打造实践平台,如实验室、实训基地等,让学生在实际操作中深化理论认识,锤炼实操技能。据统计,参与校企合作实践教学项目的学生在就业后的工作表现普遍优于未参与的学生。

此外,产学研结合还推动了师资力量的升级。院校引进业界专家作为兼职教师,同时鼓励在校教师参与企业项目,双向交流促进了教学与实践的深度融合。如表2-11所示,近年来,应用型本科院校的双师型教师比例逐年上升,有效提升了教学质量。

表2-11 应用型本科院校的双师型教师占比统计

序号	年份	占比/%
1	2020	30
2	2021	35
3	2022	42
4	2023	42

2. 产学研结合对行业需求的适应

在产学研结合模式下，院校注重学生应用技能和创新能力的培养，使学生能够快速融入行业成为企业急需的应用型人才。例如，潍坊学院的计算机科学与技术专业和企业合作开展项目式学习，学生参与开发实际软件产品，毕业后迅速成为企业的技术骨干。

科研成果的转化也是产学研结合的重要成果之一。院校与企业携手将科研成果转化为具有市场竞争力的产品或服务，不仅创造了经济价值，也推动了行业的科技进步。一个典型案例是，北京航空航天大学材料科学专业的研究成果通过企业合作转化为高性能复合材料，广泛应用于航空航天领域。

应用型本科院校在产学研结合中积极为地方经济服务，通过提供专业人才、技术转移和咨询服务助力地方产业升级与经济发展。例如，哈尔滨工业大学与地方政府合作共同建立科技园区，孵化了一批高新技术企业，显著提升了当地的经济实力和科技创新能力。

（二）促进学生实践能力与创新能力的发展

促进学生实践能力与创新能力的发展是产学研一体化的核心目标之一。这种发展不仅有助于提升学生的综合素质，还对他们未来的职业发展和社会的创新进步具有深远影响。

1. 实践能力的培养

（1）实践教学体系的建设。院校应构建完善的实践教学体系，包括实验、实训、实习、课程设计等环节，确保学生在校期间能够接触到与专业相关的实际操作，培养他们的动手能力。

（2）校企合作与工学结合。通过与企业合作，建立实习基地、实验室等，为学生提供真实的职业环境，让他们在实践中学习、在操作中成长。同时，工学结合的教学模式可以让学生在学习理论知识的同时，了解其在实际工作中的应用，从而加深对知识的理解和记忆。

（3）社会实践活动。鼓励学生参与各种社会实践活动，如志愿服务、社会调查、科技创新等，这些活动不仅可以锻炼学生的组织协调能力、沟通能力和解决问题的能力，还能让他们更好地了解社会、认识自我。

2. 创新能力的培养

（1）创新教育理念的灌输。院校应树立创新教育的理念，鼓励学生敢于尝试、勇于创新。在教学过程中，教师应注重培养学生的批判性思维、发散性思维和创造性思维，激发他们的创新潜能。

（2）科研活动与学术竞赛。鼓励学生参与科研活动和学术竞赛，如大学生创新创业训练计划、挑战杯等。这些活动可以让学生接触到学科前沿的知识和技术，培养他们的科研素养和创新能力。同时，通过竞赛的选拔和激励，可以培养学生的竞争意识和团队合作精神。

（3）跨学科学习与交流。鼓励学生跨学科学习，打破专业壁垒，拓宽知识面和视野。院校可以开设跨学科课程、举办跨学科讲座和研讨会等，为学生提供跨学科交流的平台和机会。这种跨学科的学习和交流有助于培养学生的综合素养与创新思维。

3. 实践与创新能力的融合

实践与创新相辅相成。院校应通过项目式学习，如"智能家居设计"项目，让学生在设计、制作过程中锻炼实践能力，同时激发创新思维。

案例教学也是一种有效方法，通过分析真实商业案例，如"苹果公司的创新策略"，学生可以学习如何在实践中运用创新思维。

产学研项目的合作更是将实践与创新紧密结合。例如，浙江大学与企业合作开发新型材料，学生在参与过程中不仅提升了实践能力，还培养了创新思维和解决问题的能力。这种融合教育有助于培养出既具备扎实实践能力，又富有创新精神的高素质人才。

（三）推动区域经济与社会发展

应用型本科院校通过践行产学研一体化的教育理念，不仅在教育和学生发展方面取得显著成效，还在推动区域经济和社会进步上发挥了不可或缺的作用。这种影响力透过人才培养、科技创新及社会服务等多个维度得以显现，以下是对其详细的解析。

1. 人才培养对区域经济与社会发展的推动

应用型本科院校致力于培养具备实践能力和创新精神的高素质人才，这些人才是推动区域经济和社会发展的关键力量。通过校企合作、工学结合等模式，学生能够在在校期间获得丰富的实践经验，更好地适应市场需求。毕业后，他们往往能够快速融入社会，为区域经济的增长和社会进步作出贡献。

同时，应用型本科院校还根据地方经济发展需求调整专业结构和课程设置，培养了更多符合地方产业发展需求的专业人才。这种紧密对接地方产业的人才培养模式不仅提高了毕业生的就业率，也为地方产业的转型升级提供了有力的人才支撑。

表2-12数据显示，高就业率及良好的薪资水平反映了人才培养质量与市场需求的紧密对接。同时，院校根据地方产业需求调整专业和课程，为地方产业转型升级输送了合适人才。

表2-12 应用型本科院校毕业生就业情况

毕业年份	就业率/%	平均薪资/（元/月）
2022	96	6500
2023	97	6800

2. 科技创新对区域经济与社会发展的引领

应用型本科院校在产学研结合的过程中注重科技创新能力的提升，通过与企业合作开展科研项目、共建研发平台等方式，推动科技成果的转化和应用。这些科技成果不仅能够提升企业的竞争力，也能够带动相关产业的发展，从而推动区域经济的增长。

此外，应用型本科院校还通过举办科技竞赛、设立创新基金等方式激发学生的创新潜能，培养他们的创新意识和创业精神。这些举措为区域经济社会发展注入了新的活力，也为地方经济的转型升级提供了源源不断的创新动力。

潍坊学院与当地一家机械制造企业合作共同研发了一种新型智能制造设备，显著提高了生产效率，降低了成本，为企业带来了显著的经济效益，同时也推动了区域机械制造产业的升级。

3. 社会服务对区域经济与社会发展的支撑

应用型本科院校在服务地方经济社会发展方面发挥着重要作用。它们通过提供技术咨询、成果转化、人员培训等服务帮助地方企业解决技术难题，提升了市场竞争力。同时，院校还积极参与社会公益活动，为地方社会的和谐发展作出了贡献。

此外，应用型本科院校还承担着文化传承和创新的重要使命。它们通过传播先进文化、推广科学技术知识等方式提高地方社会的文化水平和科学素养，为区域经济社会发展提供精神动力和智力支持。

4. 政策建议和未来展望

为了进一步推动应用型本科院校对区域经济与社会发展的贡献，政府和社会各界应给予更多的支持与关注。政府可以出台相关政策加大对产学研合作项目的资金支持力度，推动科研成果的转化和应用。同时，还可以建立校企合作的长效机制，促进教育链、人才链与产业链、创新链的有机衔接。

展望未来，随着教育改革的不断深化和产教融合的持续推进，应用型本科院校将在区域经济社会发展中发挥更加显著的作用，成为推动社会进步的重要力量。

对于应用型本科院校自身而言，应继续深化产学研结合的教育理念，完善人才培养模式，提升科技创新能力和社会服务水平。同时，还应加强与地方政府和企业的沟通与合作，了解地方经济社会发展需求，为区域经济社会发展提供更加精准的服务。

总之，应用型本科院校通过产学研结合的教育理念，在人才培养、科技创新和社会服务等方面为区域经济与社会发展作出了显著贡献。未来，随着教育改革的深入和产教融合的推进，这种贡献将进一步增强，为推动区域经济社会的持续健康发展发挥更加重要的作用。

二、产学研合作模式的创新

（一）校企合作育人机制的构建

在应用型本科院校中，校企合作育人机制的构建是实现产学研结合教育理念的关键环节。通过校企合作，院校和企业可以共享资源、优势互补，共同培养出符合市场需求的高素质人才。

1. 校企合作育人机制的重要性

校企合作育人机制是应用型本科院校实现人才培养目标的重要途径。通过与企业合作院校可以更加准确地了解市场需求和行业发展趋势，从而调整专业设置和课程设置，确保人才培养的针对性和实效性。同时，企业也可以从院校获得所需的人才资源和技术支持，推动企业的创新发展和转型升级。因此，构建校企合作育人机制对于促进教育链、人才链与产业链、创新链的有机衔接具有重要意义。

2. 校企合作育人机制的构建原则

（1）互利共赢原则。院校和企业应在平等自愿的基础上开展合作，实现资源共享、优势互补、共同发展。

（2）协同育人原则。院校和企业应共同参与人才培养过程，发挥各自优势，共同制订培养计划、设置课程体系、开展实践教学等。

（3）动态调整原则。校企合作育人机制应根据市场需求和行业发展趋势进行动态调整，确保人才培养的时效性和前瞻性。

3. 校企合作育人机制的实施路径

（1）建立校企合作平台。院校和企业可以共同建立校企合作平台，如校企合作委员会、产学研合作基地等，为双方提供交流合作的机会和场所。

（2）制订校企合作计划。院校和企业应根据人才培养目标和市场需求共同制订校企合作计划，明确合作内容、方式、期限等。

（3）共同开发课程与教材。院校和企业可以共同开发符合市场需求和行业发展趋势的课程与教材，确保教学内容的针对性和实用性。

（4）开展实践教学与实习实训。院校可以安排学生到企业进行实践教学与实习实训，让学生在真实的工作环境中学习和掌握专业知识与技能。同时，企业也可以派遣技术人员到院校进行授课和指导，提高学生的实践能力和创新能力。

（5）加强师资队伍建设。院校和企业可以共同加强师资队伍建设，通过互派教师、共同培训等方式提高教师的专业素养和实践能力。同时，可以邀请企业技术人员担任院校的兼职教师或客座教授，为学生提供更加贴近实际的教学和指导。

（6）建立成果共享机制。院校和企业应建立成果共享机制，共同分享合作育人的成果和收益。这可以包括共同申请科研项目、共享知识产权、共同开发新产品等。

4. 校企合作育人机制的保障措施

（1）政策保障。政府应出台相关政策鼓励和支持院校与企业开展校企合作育人工作，为双方提供政策支持和资金扶持。

（2）法律保障。院校和企业应签订校企合作协议，明确双方的权利和义务，确保合作的合法性和有效性。同时，双方也应遵守相关法律法规，保障学生的合法权益和企业的商业秘密。

（3）管理保障。院校和企业应建立健全管理机制，加强对校企合作育人工作的组织、协调和监督。同时，双方也应建立有效的沟通机制，及时解决合作过程中出现的问题和困难。

5. 校企合作育人机制的实践案例与效果评估

青岛职业技术学院与京东集团的合作育人机制是一个典型范例。2020年，双方签署校企战略合作协议，共建京东智慧供应链产业学院和混合所有制"校园云仓"生产性实训基地。这一合作围绕"产教融合"发展，对接京东集团物流、电商、教育、科技研发等板块资源，共同投入资金建设先进实训系统，包括轻载AGV（Automated Guided Vehicle，自动导向车）货到人拣选系统、四向穿梭车系统和机械手、机器人自动分拣系统，实现智能仓储全流程功能。

学生在真实业务环境中操作，日均处理京东真实业务1500单以上，通过实践掌握仓储各环节的操作流程和要领。学校与京东物流共同制订人才培养方案、课程设置和评价标准，企业导师与学校教师共同参与教学和实训指导，形成"双导师"育人模式。此外，双方还建立了现代实训基地管理制度，明确产权归属、权责分工，实现自主经营、独立核算、自负盈亏、按股分红。

青岛职业技术学院与京东集团的合作案例不仅有效提升了学生的职业技能和就业竞争力，还促进了学校与企业的深度合作和共赢。通过校企合作育人机制，青岛职业技术学院与京东集团共同探索出一条"岗课赛证"深度融通、产教深度融合的新路径，为培养物流行业高素质技术技能人才提供了有力支持。这一合作模式也为其他院校与企业的校企合作提供了可借鉴的经验和启示。

为了评估校企合作育人机制的效果，院校和企业可以共同制定评估指标与评估方法，定期对合作成果进行评估和总结。评估指标可以包括人才培养质量、科研成果转化情况、企业满意度等；评估方法可以包括问卷调查、实地考察、专家评审等。通过评估，院校和企业可以更加全面地了解合作育人的效果和问题所在，为下一步的合作提供改进方向和优化建议。

构建校企合作育人机制是应用型本科院校实现产学研结合教育理念的重要途径。通过与企业合作，院校可以更加准确地了解市场需求和行业发展趋势，提高人才培养的针对性和实效性；同时，企业也可以从院校获得所需的人才资源和技术支持，推动企业的创新发展和转型升级。因此，应用型本科院校应积极探索构建校企合作育人机制的有效途径和保障措施，为区域经济社会发展提供更加有力的人才支撑和智力支持。

（二）科研成果转化与应用的路径探索

科研成果只有转化为实际生产力或应用于社会实践中，才能真正发挥价值。

1. 科研成果转化与应用的意义

科研成果转化与应用是将科研成果从理论层面推向实践层面的过程，它有助于实现科技创新成果的商业化、产业化和社会化。通过科研成果的转化与应用，可以推动相关产业的发展，提高生产效率，促进区域经济的增长。同时，科研成果的应用还可以解决社会实际问题，提升社会公共服务水平，推动社会进步。

2. 科研成果转化与应用的主要路径

（1）技术转移与成果推广。院校可以通过技术转移机构或科技成果推广中心将科研成果向企业、行业和社会进行推广。这包括技术许可、技术转让、技术咨询和技术服务等方式，将科研成果的专利、技术秘密或专有技术转化为实际生产力。

（2）产学研合作项目。院校可以与企业、研究机构等合作开展产学研合作项目，共同进行科技研发、技术创新和产品开发。通过项目合作，可以将科研成果与市场需求相结合，实现科研成果的快速转化和应用。

（3）科技成果孵化与产业化。院校可以建立科技成果孵化器和产业园区，为科研成果的孵化、中试和产业化提供必要的场地、资金、设备和管理支持。通过孵化器和产业园区的建设,可以促进科研成果的商业化、产业化和规模化发展。

(4) 创新创业教育与培训。院校可以加强创新创业教育和培训,培养学生的创新意识和创业能力。通过开设创新创业课程、举办创新创业大赛、建立创新创业实践基地等方式,激发学生的创新潜能,推动科研成果的转化和应用。

3. 科研成果转化与应用的挑战和对策

尽管科研成果的转化与应用具有重要意义,但过程中也面临诸多挑战,如资金短缺、市场需求不匹配及知识产权保护问题等。针对这些挑战,我们可以寻求企业合作、政府资助、引入风险投资等多元化筹资方式;加强与企业和市场的沟通,确保科研成果与市场需求紧密结合;建立完善的知识产权保护机制,确保科研成果的合法权益。

4. 科研成果转化与应用的成功案例和启示

北京化工大学与中国海洋石油集团有限公司的成功合作,以及河南农业大学农业科研成果的应用,都是科研成果转化与应用的典范。这些案例启示我们,坚持产学研合作和市场导向是科研成果成功转化的关键。

5. 结论与展望

科研成果转化与应用是应用型本科院校实现产学研结合教育理念的重要途径。通过技术转移与成果推广、产学研合作项目、科技成果孵化与产业化及创新创业教育与培训等路径的探索和实践,可以促进科研成果的转化与应用,推动科技创新与社会服务的深度融合。未来,随着科技的不断进步和市场需求的变化,科研成果转化与应用将面临新的机遇和挑战。应用型本科院校应继续深化产学研结合的教育理念,加强与企业和社会的合作与交流,探索更加有效的科研成果转化与应用路径,为推动区域经济社会发展作出更大的贡献。

(三) 行业导师与双师型队伍的建设

行业导师通常指来自企业、行业一线的专家或管理人员,他们具有丰富的实践经验和行业知识,能够为学生提供实践指导、职业规划和就业推荐等服务。双师型教师是指既具备理论教学能力，又具备实践教学能力的教师，他们能够将理论与实践相结合，为学生提供全面的知识和技能培养。

1. 行业导师队伍的建设

（1）选拔与聘用。院校应制定明确的行业导师选拔标准，通过校企合作、行业协会等途径，选拔具有丰富实践经验和良好职业素养的行业专家担任导师。同时，建立完善的聘用机制，明确导师的职责、权益和待遇，确保导师队伍的稳定性和积极性。

（2）培训与提升。针对行业导师的实际情况，院校应定期组织培训活动，提升导师的教育教学能力、学生指导能力和职业规划能力。同时，鼓励导师参与院校的教研活动、课程建设和教学改革等工作，促进导师队伍的整体素质提升。

（3）管理与评价。院校应建立健全行业导师管理制度，明确导师的工作要求、考核标准和奖惩机制。通过定期评价、学生反馈等方式，对导师的工作绩效进行客观公正的评估，并根据评估结果进行奖惩和调整。

院校需确立明晰的行业导师选拔准则。表 2-13 是潍坊学院 2021—2023 年通过校企合作和行业协会途径选拔的行业导师数据。通过严格的选拔能够确保行业导师不仅具备丰富的实践经验，还拥有良好的职业素养。

表 2-13　2021—2023 年潍坊学院通过校企合作和行业协会途径选拔的行业导师数据

序号	年份	选拔途径	选拔人数/人
1	2021	校企合作	15
2	2021	行业协会	10
3	2022	校企合作	20
4	2022	行业协会	12
5	2023	校企合作	14

2. 双师型队伍的建设

（1）培养与引进。院校应加大对双师型教师的培养力度，通过校企合作、挂职锻炼、实践培训等方式提高教师的实践教学能力和行业认知水平。同时，积极引进具有企业工作经历和丰富实践经验的优秀人才加入教师队伍，优化教师队伍结构。

（2）激励与保障。院校应建立完善的激励机制，对在产学研结合工作中表现突出的双师型教师给予表彰和奖励。同时，提供良好的工作环境和条件保障，确保教师能够安心投入到产学研结合工作中去。

（3）交流与合作。鼓励双师型教师积极参与国内外的学术交流与合作活动，拓宽教师的学术视野和影响力。通过与企业、行业协会等机构的紧密合作，为教师提供更多的实践机会和资源支持。

3. 行业导师与双师型队伍的融合

（1）共同指导。鼓励行业导师与双师型教师共同指导学生，形成优势互补、协同育人的良好局面。通过共同制订培养计划、开展实践教学、指导学生实习实训等方式，为学生提供更加全面、系统的知识和技能培养。

（2）教学团队建设。以行业导师和双师型教师为核心，组建跨学科、跨专业的产学研结合教学团队。通过团队合作与交流，促进不同领域、不同专业之间的知识融合与创新发展。

（3）资源共享与平台建设。加强院校与企业、行业协会等机构的资源共享与平台建设合作。利用现代信息技术手段，建立产学研结合信息服务平台和资源共享机制，为行业导师与双师型队伍的建设提供有力支持。

三、产学研结合的实践案例及发展趋势

（一）国内外产学研结合的成功经验

产学研结合是指产业、教育和科研之间的紧密结合，通过资源共享、优势互补和协同发展，实现科技创新、人才培养和社会服务的目标。在全球范围内，许多国家和地区都在积极探索和实践产学研结合的模式，取得了较多的成功经验。以下将详细介绍一些国内外产学研结合的成功经验，以期为应用型本科院校的产学研结合工作提供借鉴和启示。

1. 国内产学研结合的成功经验

（1）华为与高校的合作模式。华为作为中国领先的科技企业一直重视与高校的合作，通过与多所高校建立联合实验室、研究中心和人才培养基地，实现了与高校在科研、人才培养和技术创新等方面的深度合作。这种合作模式不仅推动了

华为的技术创新和产品升级，也为高校提供了丰富的实践资源和就业机会。

（2）清华大学的产学研结合实践。清华大学作为国内顶尖的高等学府一直致力于产学研结合的实践，通过与政府、企业和科研机构的紧密合作，建立了多个产学研结合的平台和基地，推动了科技创新和成果转化。同时，清华大学还注重培养学生的实践能力和创新意识，通过实践教学、创新创业教育和科技竞赛等方式激发了学生的创新潜能，培养了学生的创业精神。

（3）北京中关村科技园区的产学研合作。北京中关村科技园区是中国著名的科技创新中心，聚集了大量的高校、科研机构和科技企业，通过构建产学研一体化的合作机制，实现了高校、科研机构和企业之间的资源共享与优势互补，推动了科技创新和产业发展。同时，北京中关村科技园区注重营造良好的创新环境和文化氛围，吸引了大量的人才和资本聚集。

2. 国外产学研结合的成功经验

（1）硅谷模式。硅谷是美国著名的科技创新中心，也是全球产学研结合的典范。硅谷的成功得益于其独特的产学研结合模式，即以高校和科研机构为技术源泉，以企业为创新主体，通过风险投资、孵化器和产业园区等机制，实现了科技创新和产业发展的良性循环。硅谷模式不仅推动了美国的技术创新和经济发展，也为全球其他国家和地区提供了借鉴与启示。

（2）德国双元制教育模式。德国双元制教育模式是一种将学校教育与企业培训紧密结合的教育模式。在这种模式下，学生既可以在学校接受理论知识教育，又可以在企业接受实践技能培训。这种教育模式不仅提高了学生的实践能力和职业素养，也为企业提供了符合需求的高素质人才。同时，德国政府还通过政策引导和资金支持等方式推动了产学研结合的深入发展。

（3）日本产学官合作模式。日本产学官合作模式是一种将政府、企业、高校和科研机构紧密结合的合作模式。在这种模式下，政府通过制定政策、提供资金支持和建立合作平台等方式推动了产学研的深度融合；企业通过与高校和科研机构的合作实现了技术创新与产品升级；高校和科研机构通过与企业的合作提高了科研水平和人才培养质量。这种合作模式不仅推动了日本的科技创新和产业发展，也为全球其他国家和地区提供了借鉴与启示。

3. 总结与启示

通过对国内外产学研结合成功经验的介绍和分析，可以得出以下启示：一是产学研结合是推动科技创新和产业发展的有效途径；二是高校、科研机构和企业应建立紧密的合作机制，实现资源共享和优势互补；三是政府应发挥引导作用，通过政策支持和资金投入等方式推动产学研结合的深入发展；四是应注重培养学生的实践能力和创新意识，为产学研结合提供人才保障；五是应营造良好的创新环境和文化氛围，吸引更多的人才和资本聚集。这些启示对于应用型本科院校来说具有重要的指导意义和参考价值。

（二）典型案例分析及其启示意义

通过对典型产学研结合案例的分析，我们可以深入理解其运作机制、成功要素和面临的挑战，从而为应用型本科院校的产学研结合工作提供有益的启示和借鉴。

1. 典型案例分析

（1）斯坦福大学与硅谷的协同发展。斯坦福大学作为世界顶尖的研究型大学，与硅谷的科技产业形成了紧密的产学研结合关系。斯坦福大学通过设立科技园区、与企业合作研究、共享科研设施等方式，为硅谷的创新生态提供了源源不断的人才和技术支持。同时，硅谷的成功也反哺了斯坦福大学，吸引了更多的优秀学生和教师，进一步提升了斯坦福大学的科研水平和教育质量。

（2）清华大学与比亚迪的联合研发。清华大学与比亚迪在新能源汽车领域展开了深入的产学研合作。双方共同建立了联合实验室，围绕电池技术、电机控制和智能驾驶等关键技术进行联合研发。通过共享资源、互派人员、共同培养研究生等方式，实现了科研成果的快速转化和产品的升级换代。这种合作模式不仅提高了比亚迪的技术创新能力，也为清华大学的相关学科发展注入了新的活力。

2. 启示意义

（1）强化校企合作机制。成功的产学研结合案例表明，建立长期稳定的校企合作机制是关键。应用型本科院校应主动与企业对接，了解行业需求和技术发展趋势，共同制订人才培养和科研合作计划。同时，应建立健全合作管理体系，确保双方合作的顺利进行。

（2）注重科研成果转化。产学研结合的核心目标是将科研成果转化为实际生产力。因此，应用型本科院校在产学研结合过程中应注重科研成果的实用性和市场价值，积极与企业合作进行技术开发和产品推广。同时，应建立完善的成果转化机制，促进科研成果的商业化应用。

（3）加强双师型队伍建设。双师型教师是产学研结合的重要桥梁。应用型本科院校应加大对双师型教师的培养和引进力度，提高教师的实践能力和科研水平。同时，应鼓励教师积极参与企业的技术开发和产品创新工作，实现教学与科研的有机结合。

（4）创新人才培养模式。产学研结合为创新人才培养提供了广阔的平台。应用型本科院校应充分利用产学研结合的资源优势创新人才培养模式，注重学生的实践能力和创新创业精神的培养，通过实践教学、项目驱动、企业实习等方式提高学生的综合素质和就业竞争力。

通过强化校企合作机制、注重科研成果转化、加强双师型队伍建设和创新人才培养模式等措施的实施，推动应用型本科院校的产学研结合工作不断向前发展。

（三）产学研结合的未来发展趋势

随着科技的飞速发展和全球经济的深度融合，产学研结合正逐渐成为推动教育创新、科技进步和经济发展的重要力量。未来，产学研结合将呈现出怎样的发展趋势？这是应用型本科院校和教育界普遍关注的问题。

1. 跨界融合成为常态

随着技术的不断革新和行业边界的逐渐模糊，跨界融合已成为产学研结合的重要趋势。未来，应用型本科院校将更加注重与多学科、多领域的交叉融合，打破传统学科界限，促进知识创新和技术突破。同时，产学研结合将不再局限于单一行业或领域，而是向更广泛的产业和社会领域拓展，形成多元化、网络化的合作模式。

2. 数字化转型加速推进

数字化转型已成为全球各行业的重要趋势，对产学研结合也产生了深刻影响。未来，应用型本科院校将更加注重数字化技术在产学研结合中的应用，如大数据、AI、云计算等。这些技术不仅可以提高产学研结合的效率和质量，还可以为科研创新、人才培养和产业发展提供强有力的支持。同时，数字化转型也将推动产学研结合的国际化进程，促进全球范围内的资源共享和协同创新。

3. 市场化导向的成果转化

随着市场竞争的加剧和产业结构的升级，产学研结合将更加注重成果转化的市场化导向。应用型本科院校将更加注重科研成果的商业价值和社会效益，强化与企业和市场的联系，以促进科研成果的快速转化和产业化进程。同时，政府也将加大对产学研结合成果转化的政策支持和资金投入，为产学研结合的深入发展提供有力保障。

4. 人才培养模式的创新

产学研结合为人才培养提供了更加广阔的平台和更加丰富的资源。未来，应用型本科院校将更加注重人才培养模式的创新，如项目式学习、实践式学习等。这些创新模式将更加注重学生的实践能力和创新能力培养，为学生提供更加贴近实际、更加符合市场需求的教育体验。同时，产学研结合也将推动教育国际化进程，为学生提供更加多元化、国际化的学习机会和发展空间。

5. 绿色可持续发展理念的融入

随着全球环境问题的日益严峻和社会责任意识的提高，绿色可持续发展已成为产学研结合不可忽视的重要理念。未来，应用型本科院校将更加注重在产学研结合中融入绿色可持续发展理念，推动清洁能源、环保技术、循环经济等领域的创新与发展。同时，产学研结合也将注重社会责任的履行，积极参与社会公益事业，推动经济、社会和环境的和谐共生。

6. 国际合作与交流的日益加强

在全球化的背景下，国际合作与交流已成为产学研结合不可或缺的重要组成部分。未来，应用型本科院校将更加注重与国际知名高校、科研机构和企业的合作与交流，共同推动全球范围内的科技创新和人才培养。通过国际合作与交流，可以引进先进的科研成果、教育理念和管理模式，提高产学研结合的水平和质量，也可以推动本国科研成果和教育理念走向世界舞台，增强国际影响力和竞争力。

上述趋势不仅将为应用型本科院校的产学研结合工作带来新的机遇和挑战，也将推动教育创新、科技进步和经济发展迈向新的高度。因此，应用型本科院校应密切关注这些趋势的发展动态并采取相应措施加以应对和利用。

第三节　以社会服务为导向的教育理念

本节主要探讨以社会服务为导向的教育理念在应用型本科院校人才培养中的重要性；强调教育应紧密围绕社会需求，以培养具备实践能力和社会责任感的人才为目标；通过案例分析与实践经验的分享展示以社会服务为导向的教育理念在实际教学中的应用和成果，该理念有助于提升学生的综合素质，增强学生的社会适应能力，为地方经济和社会发展提供有力的人才支撑。

一、社会服务职能的强化

（一）高等教育机构的社会责任担当

1. 人才培养的社会责任

高等教育机构的首要任务是培养人才。在应用型本科院校中，这种人才培养更加注重实践能力和创新精神的培养，以满足社会各行业对高素质人才的需求。因此，高等教育机构在人才培养方面承担着重要的社会责任，主要包括以下几个方面。

（1）制订科学的人才培养方案。根据社会需求和学科发展趋势制订符合时代要求的人才培养方案，确保学生具备扎实的专业基础知识和较强的实践能力。

根据行业需求调整教学内容，表2-14展示了潍坊学院根据社会需求调整课程设置的情况。

表 2-14　潍坊学院根据社会需求调整课程设置的情况

序号	课程设置	调整原因
1	增加数据分析课程	回应大数据时代的市场需求
2	强化外语培训	提升学生国际交流能力
3	开设跨学科项目	培养复合型人才

（2）提供优质的教育资源。加强师资队伍建设，引进高水平教师，改善教学条件，为学生提供优质的教育资源和学习环境。

（3）关注学生的全面发展。除了专业知识传授，还要关注学生的综合素质培养，包括思想道德、人文素养、创新能力等方面，使学生成为德智体美劳全面发展的社会主义建设者和接班人。

2. 科学研究的社会责任

高等教育机构作为科学研究的重要阵地承担着推动科技进步和创新发展的重要使命。在应用型本科院校中，科学研究更加注重解决实际问题和推动产业发展。因此，高等教育机构在科学研究方面承担着以下社会责任。

（1）开展高水平的科学研究。聚焦国家和地方重大需求，开展前瞻性、战略性、基础性的科学研究，取得一批具有重大影响的科研成果。

（2）推动科研成果转化。加强与企业、行业的合作与交流，推动科研成果的转化和应用，为经济社会发展提供有力支撑。表 2-15 展示了北京大学近年科研成果转化情况。

表 2-15　北京大学近年科研成果转化情况

序号	科研成果	转化情况
1	新型环保材料	与多家企业合作，实现产业化生产
2	医疗健康设备	技术转让给医疗设备制造商

（3）培养科研创新人才。通过科研实践、学术交流等方式培养具有创新精神和创新能力的科研人才，为国家和地方的创新发展提供人才保障。

3. 服务社会的社会责任

高等教育机构作为社会的重要组成部分，承担着服务社会的重要使命。在应用型本科院校中,这种服务社会更加注重解决社会实际问题和推动社会进步。因此,高等教育机构在服务社会方面承担着以下社会责任。

(1) 提供社会服务。利用自身的人才、技术和资源优势,为政府、企业和社会提供咨询、培训、技术支持等服务,推动经济社会发展。

(2) 参与社会公益事业。积极参与扶贫、环保、教育等社会公益事业,为社会的和谐稳定和可持续发展作出贡献。

(3) 传播先进文化。作为文化传承和创新的重要载体,高等教育机构应该积极传播先进文化,弘扬社会主义核心价值观,提高全民族的文化素质和道德水平。

4. 引领社会发展的责任

除了以上3个方面的社会责任,高等教育机构还承担着引领社会发展的重要责任。这主要体现在以下几个方面。

(1) 引领社会思潮。高等教育机构是思想文化的聚集地,应该积极引领社会思潮,推动社会进步和发展。

(2) 培养社会领袖。通过培养具有领导才能和创新精神的高素质人才,为社会培养出一批批杰出的政治领袖、商业领袖、文化领袖等,推动社会各领域的繁荣发展。

(3) 推动社会创新。高等教育机构应该积极推动社会创新,包括制度创新、科技创新、文化创新等方面,为社会的持续发展和进步提供源源不断的动力。

(二) 应用型本科院校服务地方经济的策略

1. 优化专业设置,对接地方产业需求

应用型本科院校应根据地方经济发展的需求和产业特点,优化专业设置,调整学科结构,确保所开设的专业与地方主导产业、新兴产业和特色产业紧密对接。通过深入了解地方产业的发展趋势和人才需求,院校可以针对性地设置专业方向,培养符合地方经济发展需要的高素质人才。

为了满足地方经济的需求,应用型本科院校需对专业设置进行优化。根据地方主导产业、新兴产业和特色产业调整的专业设置示例如表2-16所示。

表 2-16 根据地方主导产业、新兴产业和特色产业调整的专业设置示例

序号	地方产业类型	对应优化后的专业设置
1	主导产业	机械工程、电子信息
2	新兴产业	新能源科学与工程
3	特色产业	旅游管理、文化创意

通过深入调查和分析地方产业的发展趋势，可以更精准地设置和调整专业，从而培养真正符合市场需求的高素质人才。

2. 加强校企合作，深化产教融合

应用型本科院校应积极与企业建立紧密的合作关系，共同制订人才培养方案，实现人才培养与产业需求的无缝对接。通过校企合作，院校可以引入企业的优质资源和实践经验，为学生提供更多的实践机会和就业渠道。同时，企业也可以从院校获得所需的人才支持和智力保障，推动产业的创新和发展。

3. 推动科研成果转化，服务地方经济

应用型本科院校拥有丰富的科研资源和较强的创新能力，应积极推动科研成果的转化和应用，为地方经济发展提供科技支撑。院校可以通过与企业合作、建立科技成果转化平台等方式，促进科研成果的商业化、产业化和社会化。这将有助于提升地方产业的科技含量和竞争力，推动经济的持续健康发展。

4. 加强社会服务，提升社会贡献度

应用型本科院校应积极参与社会服务工作，利用自身的人才、技术和资源优势，为政府、企业和社会提供咨询、培训、技术支持等服务。通过参与社会服务工作，院校可以更好地了解地方经济的需求和发展动态，为地方经济的发展提供有针对性的建议和解决方案。同时，社会服务也是院校提升自身社会影响力和贡献度的重要途径。

5. 培养创新创业人才，激发经济活力

应用型本科院校应注重培养学生的创新创业精神和能力，为地方经济的发展注入新的活力。院校可以通过开设创新创业课程、建立创新创业实践基地、举办

创新创业大赛等方式激发学生的创新创业热情,培养学生的创新意识和创业能力。这将有助于推动地方经济的创新发展和转型升级。例如,北京大学通过设立创业基金支持学生创业,已成功孵化出多个有市场竞争力的初创企业,为地方经济注入了新的活力。

6. 加强国际交流与合作,提升国际竞争力

国际交流与合作对于提升院校的综合实力和国际化水平至关重要。近年来,多所应用型本科院校与国外高校建立了合作关系,引进了先进的教育理念和教育资源,拓展了学生的国际视野。这种合作有助于提升院校的国际竞争力,进而更好地服务地方经济。

(三)社会服务项目与课程的整合设计

社会服务项目与课程的整合设计不仅有助于提升学生的实践能力和社会责任感,还能促进院校与社区、企业等外部实体的深度合作,共同推动地方经济和社会发展。以下将详细探讨社会服务项目与课程的整合设计的理念、策略及实施步骤等内容。

1. 整合设计的理念

(1)需求导向。整合设计应以社会需求为导向,紧密围绕地方经济、文化、科技等领域的发展需求,确定服务项目和课程内容。

(2)实践育人。通过参与社会服务项目,使学生在实践中学习、在服务中成长,培养学生的实践能力和创新精神。

(3)协同发展。推动院校与社区、企业等外部实体的协同合作,实现资源共享、优势互补,共同促进区域发展。

2. 整合设计的策略

(1)项目化运作。将社会服务项目课程化,明确项目目标、任务分工、实施步骤和预期成果,确保项目的顺利实施和有效管理。

(2)模块化教学。根据社会服务项目的实际需求,将课程内容模块化,灵活组合不同的模块以满足项目的需要。

(3)嵌入式合作。将社会服务项目嵌入到课程教学中,使学生在学习过程中

直接参与项目实践，实现理论与实践的有机结合。

（4）多元化评价。采用多元化的评价方式，包括过程评价、结果评价、自我评价和他人评价等，全面评估学生的学习成果和社会服务项目的实施效果。

3. 整合设计的实施步骤

（1）需求分析。深入调研地方经济和社会发展的需求，确定社会服务项目的主题和目标。

（2）项目设计。根据需求分析结果，设计具体的社会服务项目，明确项目的实施步骤、时间节点和预期成果。

（3）课程对接。根据社会服务项目的需求调整课程设置和教学内容，确保课程与社会服务项目的有效对接。

（4）组织实施。组建项目团队，明确团队成员的分工和职责，按照项目设计的要求组织实施。

（5）监督评估。对项目的实施过程进行监督和指导，确保项目的顺利进行；对项目的实施效果进行评估和总结，为后续的整合设计提供经验和借鉴。

4. 整合设计的实践案例

以潍坊学院为例，该校与当地一家环保企业合作开展了一项名为"绿色校园"的社会服务项目，通过组织学生参与校园绿化、垃圾分类、环保宣传等活动，提升学生的环保意识和实践能力，如表2-17所示。同时，将该项目与环保相关课程进行整合设计，使学生在参与项目的过程中深入学习环保知识和技能。经过一学期的实施，该项目取得了显著成效，不仅提升了学生的综合素质和社会责任感，还为地方环保事业作出了积极贡献。

表2-17 潍坊学院与环保企业合作的"绿色校园"项目的具体成效

活动内容	参与人数/人	活动次数/次	提升的能力/意识
校园绿化	100	5	实践能力、环保意识
垃圾分类	80	3	责任感、分类意识
环保宣传	60	2	沟通能力、环保意识

"绿色校园"社会服务项目不仅锻炼了学生的实践能力，还增强了学生的环保意识，同时为地方环保作出了贡献。

5. 整合设计的挑战与展望

在整合设计过程中，可能会面临诸如项目资源不足、课程调整难度大、合作机制不健全等挑战。因此，应用型本科院校需要不断探索和创新整合设计的理念与方法，加强与外部实体的沟通和合作，争取更多的资源和支持。展望未来，随着社会对应用型人才需求的不断增加和教育改革的不断深入推进，社会服务项目与课程的整合设计将在应用型本科院校中发挥更加重要的作用。通过不断优化整合设计模式和实践路径，应用型本科院校将为地方经济和社会发展培养更多高素质、有社会责任感的应用型人才。

二、社会服务能力的提升

（一）教师社会服务能力的培训与提升

教师作为高等教育机构的核心力量，其社会服务能力直接关系到院校社会服务职能的履行效果。因此，针对教师社会服务能力的培训与提升显得尤为重要。

（1）要构建系统的教师社会服务能力培训体系。这包括明确培训目标、制订培训计划、设计培训课程、实施培训活动及评估培训效果等环节，如表 2-18 所示。培训目标应聚焦于提升教师的社会服务意识、增强社会服务技能及拓宽社会服务领域等方面。

表 2-18　教师社会服务能力培训体系

序号	环节	内容描述
1	明确培训目标	聚焦于提升社会服务意识、增强服务技能及拓宽服务领域
2	制订培训计划	根据教师需求和时间安排制订个性化的培训计划
3	设计培训课程	涵盖理论、实践和案例分析，确保内容全面
4	实施培训活动	通过讲座、实践项目和案例分析全面提升教师能力
5	评估培训效果	通过反馈、测试和项目评估不断优化培训内容

（2）培训内容应涵盖社会服务理论、实践技能及案例分析等多个层面。通过邀请社会服务领域的专家学者进行讲座，引导教师深入了解社会服务的前沿动态和最新理念；通过组织教师参与社会服务项目，让教师在实践中掌握社会服务的基本技能和方法；通过分析成功的社会服务案例，帮助教师提炼经验、总结教训，

提升社会服务的实效性。

（3）建立激励机制。将教师的社会服务工作与绩效考核挂钩，并对表现优异者给予实质性奖励。例如，去年张三因在社区服务中表现出色获得了"社会服务优秀个人"荣誉及相应奖金。

（4）为确保教师社会服务能力的持续提升，定期举办研讨会和交流活动。这不仅为教师提供了一个互相学习和交流的平台，还鼓励他们将社会服务经验融入教学和科研，从而实现社会服务与教学科研的有机结合。这种跨领域的融合不仅提升了教师的综合素质，也进一步强化了学校的社会服务功能。

（二）学生参与社会服务活动的激励机制

学生参与社会服务活动对其社会责任感、实践能力和团队协作精神的培养至关重要。为了切实推动学生的积极参与，必须构建一套行之有效的激励机制。

（1）引入社会服务学分制度。具体来说，将社会服务纳入课程体系，为参与者提供相应的学分。如表2-19所示，根据学生参与社会服务的时间、质量和社会影响力提供不同学分。

表2-19 社会服务学分制度示例

社会服务时间/小时	社会服务质量评级	社会影响力	可获学分/分
>40	优秀	高	2
>20	良好	中	1.5
>10	一般	低	1

社会服务学分制度不仅能让学生通过社会服务积累实践经验，还能让学生在学业上得到认可，从而提升其参与意愿。

（2）构建社会服务荣誉体系。对于表现杰出的学生，可颁发如"社会服务杰出贡献奖""社会服务创新奖"等奖项，并在校园内进行广泛表彰，以此提升学生的自豪感和归属感。例如，潍坊学院学生王五因在社区服务中的卓越贡献而荣获"社会服务杰出贡献奖"，这一荣誉极大地鼓舞了其他学生。

（3）提供资金支持。院校可设立"社会服务基金"，为经济困难但有志于参与社会服务的学生提供援助。例如，2022年潍坊学院为50名经济困难的学生提供了总计10万元的社会服务专项基金，确保了他们能无后顾之忧地投入社会服务中。

（4）建立职业发展衔接机制。潍坊学院已与多家企业和非政府组织建立了合作，为参与社会服务的学生提供实习和工作机会。据统计，2024年有32.5%的学生通过这种合作获得了实习或工作机会。

（5）加强宣传推广。潍坊学院通过官方网站、微博、微信公众号等渠道，定期发布社会服务活动的最新消息和成功案例，以此提高学生的参与意愿。例如，2022年潍坊学院学生为社区老人提供技术支持的事迹，经过宣传后，吸引了更多学生参与到类似的服务中。

通过引入社会服务学分制度、构建社会服务荣誉体系、提供资金支持、建立职业发展衔接机制和加强宣传推广等措施，可以有效地激励学生积极参与社会服务活动，培养其社会责任感和实践能力。

（三）社会服务成果评价与反馈机制

为了确保社会服务活动的有效性和持续性，建立健全社会服务成果评价与反馈机制至关重要。这一机制不仅有助于客观评估社会服务的成果，还能为社会服务活动的改进和优化提供有力支持。

1. 评价标准与指标

社会服务成果的评估首先需依赖明确的标准和指标。这些标准涵盖参与度、影响力、创新性及可持续性等多个维度。评价指标描述示例如表2-20所示。

表2-20 评价指标描述示例

序号	评价指标	描述与举例
1	参与度	在"美丽中国，我是行动者"活动中吸引了近百位志愿者参加
2	影响力	衡量所解决的社会问题的重要性，如为贫困地区提供教育资源的重要性
3	创新性	评估方法和策略的新颖程度，如利用数字技术推动社区服务
4	可持续性	考虑项目的长期发展，如建立持续三年的教育支援计划

2. 多元评价

评价过程应注重多元化和参与性。除了由学校或组织内部进行评价，还可以邀请外部专家、社区代表、受益群体等参与评价过程。这样可以提高评价的公正性和可信度，同时也有助于从多个角度全面了解社会服务的实际效果。

3. 反馈与改进

建立有效的反馈机制是社会服务成果评价与反馈机制的重要组成部分。反馈机制应确保评价结果的及时传达和有效利用。一方面，应将评价结果及时反馈给参与社会服务的师生和相关管理人员，以便他们了解活动的成效和不足之处。另一方面，评价结果还应作为改进和优化社会服务活动的重要依据，为未来的社会服务提供有价值的参考。

4. 监督与激励

为了保障评价与反馈机制的长效运行，还需要建立相应的监督和激励机制。学校或组织应定期对评价与反馈机制的运行情况进行检查和评估，确保其有效性和公平性。同时，对于在社会服务成果评价中表现突出的个人或团队应给予适当的奖励和表彰，以激励更多的人积极参与社会服务活动。

通过建立明确的标准和指标、注重多元化和参与性的评价过程、建立有效的反馈机制及相应的监督和激励机制，可以构建一个健全的社会服务成果评价与反馈机制。这将有助于提升社会服务的质量和效果，推动应用型本科院校社会服务职能的深入发展。

三、以社会服务为导向的教育改革

（一）教育目标与社会需求的对接调整

随着社会的不断进步和行业的日新月异，应用型本科院校面临着教育目标与社会需求对接的重要任务。以下是针对这一挑战所采取的策略及其实践案例。

（1）强调社会需求调研的核心地位。近年来，潍坊学院对多个主流行业进行了深入调研，结果显示，超过 75% 的企业在招聘时更看重实践经验和跨学科能力。例如，在信息技术领域，对具备大数据分析和 AI 知识背景的复合型人才需求激增。不同行业能力需求示例如表 2-21 所示。

表 2-21　不同行业能力需求示例

序号	调研行业	企业看重的能力	需求比例/%
1	IT/科技	实践经验、编程与数据分析能力	85
2	金融	风险管理、量化分析与市场洞察力	78
3	制造业	技术创新、生产管理与质量控制	70

注：IT 指信息技术，英文全称为 Information Technology。

基于表 2-21 中的数据，潍坊学院针对性地调整了教育目标，确保学生不仅获得扎实的专业知识，还具备跨学科的综合能力。

（2）教育目标的设定必须具有前瞻性。针对未来社会的发展趋势，如数字化、智能化等，潍坊学院已将相关课程和技术培训纳入教育体系。例如，潍坊学院工程学院新开设了人工智能与数据科学专业，以满足未来智能制造业的人才需求。

（3）有效的反馈机制是确保教育与社会需求紧密相连的关键。潍坊学院建立了校友反馈系统，追踪毕业生就业情况，并以此为依据优化课程设置。据统计，通过反馈调整的专业课程，其毕业生就业率提升了 15%。

（4）全校师生的参与是推动教育改革的基石。近年来，潍坊学院鼓励教师参与行业研讨会和进修课程，确保教学内容与时俱进。同时，学生也积极参与到企业实习和社会服务中。例如，该校商学院学生参与的"小微企业咨询服务"项目，既锻炼了学生的实践能力，也为企业提供了切实可行的解决方案。

通过定期进行社会需求调研、设定前瞻性的教育目标、建立有效的反馈机制及全校师生的共同参与和努力，院校可以更加紧密地将教育目标与社会需求相结合，为培养适应社会需求的高素质人才提供有力保障。

（二）课程体系与教学内容的更新优化

在以社会服务为导向的前提下，应用型本科院校的课程体系与教学内容必须与时俱进，紧密对接社会需求，以确保所培养的人才具备适应未来挑战的能力。为此，课程体系与教学内容的更新优化显得尤为重要。

（1）课程体系应打破传统学科壁垒，实现跨学科融合。随着科技的发展和行业的融合，单一学科知识已难以满足复杂问题的解决需求。因此，应用型本科院校应构建跨学科课程体系，鼓励学生选修不同领域的课程，培养多元化的知识结构和思维方式。

（2）教学内容应注重实践性和创新性。除了传授基础理论知识，还应增加实验、实训、项目等实践性教学环节，让学生在实践中掌握知识和技能。同时，教学内容还应关注行业前沿动态和最新技术成果，引导学生积极参与科研创新活动，培养创新意识和能力。据统计，潍坊学院在实施实践教学后，学生的动手能力提高了30%，创新意识也显著增强，学生参与的科研项目数量增长了80%。

（3）课程体系与教学内容的更新优化还应体现个性化教育理念。每个学生都有不同的兴趣、特长和发展需求，因此课程体系应提供多样化的选修课程，满足学生的个性化需求。同时，教学内容也应根据学生的实际情况进行差异化设计，实施因材施教。

（4）更新优化课程体系与教学内容需要建立动态调整机制。院校应定期评估课程体系的实施效果，收集师生、企业和社会等各方面的反馈意见，及时调整课程体系和教学内容。这种动态调整机制有助于确保课程体系与教学内容的时效性和针对性，为培养适应社会需求的高素质人才提供有力保障。潍坊学院课程体系动态调整机制示例如表2-22所示。

表2-22 潍坊学院课程体系动态调整机制示例

评估周期	每年一次
评估内容	课程满意度、学生成绩分布等
调整措施	根据反馈调整选修课程列表、更新部分课程内容

课程体系与教学内容的更新优化是应用型本科院校教育改革的重要任务。通过打破学科壁垒、注重实践性和创新性、体现个性化教育理念及建立动态调整机制等措施，院校可以构建更加符合社会需求的课程体系和教学内容，为培养高素质人才奠定坚实基础。

（三）教育模式与教学方法的创新实践

在以社会服务为导向的前提下，应用型本科院校亟须持续创新教育模式与教学方法，以便更好地适应日新月异的社会需求和培育出兼具创新精神与实践能力的高素质人才。以下是潍坊学院在这方面的具体实践和取得的成果。

（1）在教育模式上，潍坊学院积极尝试了问题导向学习（Problem-Based Learning，PBL）和项目式学习等先进教育模式。这些模式的核心是让学生在真实的问题或项目中进行学习和探索。例如，在课程中引入 PBL 模式，学生们围绕"如何提高城市交通效率"的实际问题进行深入研究，这不仅提升了他们的问题分析和解决能力，还极大地增强了团队协作能力。此外，结合线上线下混合教育模式，70%的学生表示这种灵活的学习方式使他们的学习效率明显提高。

（2）在教学方法上，鼓励教师摒弃填鸭式教学，广泛采用互动式、参与式的教学方法。在课堂上，教师通过小组讨论、角色扮演和案例分析等手段使得 90%的学生表示对课程内容产生了浓厚兴趣，课堂参与度大幅提升。同时，引入了翻转课堂和微课等教学手段。在最近的一次教学评估中，采用这些新手段的课程满意度高达 95%。

（3）在创新实践上，潍坊学院与多家知名企业建立了深度合作关系，共同为学生打造实践教学平台。例如，在跟企业的合作项目中，学生参与了真实的项目开发，85%的学生表示这样的实践经验使他们的专业技能和职业素养得到了显著提升。同时，大力支持学生参与科研创新，2024 年有 38%的学生参与了科研项目，这些科研项目中被认定为省部级项目共计 11 项。

应用型本科院校在教育模式与教学方法的创新实践方面有着广阔的探索空间。通过推行创新教育模式、采用互动式教学方法及加强实践教学合作等措施，院校可以培养出更加适应社会需求的高素质人才，为推动地方经济和社会发展作出更大的贡献。

第三章

应用型本科院校的学科与专业建设

学科与专业建设是应用型本科院校人才培养的基石。本章将深入探讨如何通过科学合理的学科布局和专业设置来构建适应社会发展需求的教育体系。通过分析当前学科与专业建设的现状与挑战，并提出针对性的策略与建议，以期推动应用型本科院校在学科建设与专业发展上取得新的突破。通过优化课程体系、加强实践教学、促进产学研合作等措施，旨在培养更多具备实践能力和创新精神的应用型人才，为社会经济的发展提供坚实的人才支撑。

第一节 学科与专业设置的原则和策略

本节主要探讨应用型本科院校在学科与专业设置上应遵循的原则和策略。通过科学合理的学科与专业设置，旨在培养出既具备扎实理论基础，又拥有实践操作能力的高素质应用型人才，以满足社会经济发展对人才的需求。

一、市场需求导向原则

（一）行业需求调研与分析

在进行学科与专业建设时，应用型本科院校的首要任务是全面、深入地了解行业需求。这涵盖了当前行业对人才的需求状况、技术革新的趋势及具体岗位对能力的特定要求。此类调研和分析对于确保学科与专业设置和市场需求相契合，进而提升教育质量，具有至关重要的意义。

表3-1 展示了行业需求调研的广度和深度。

表3-1 行业需求调研表

序号	调研领域	调研方法	重点关注内容
1	企业	深入访谈、问卷调查	急需的人才类型及技能要求 企业当前技术应用与未来趋势 岗位工作内容与未来变化

续表

序号	调研领域	调研方法	重点关注内容
2	行业协会	资料收集、专家咨询	行业内整体人才需求状况 新技术、新工艺在行业内的推广情况
3	研究机构	数据分析、研讨会交流	行业技术发展的宏观趋势 未来可能出现的新技术、新岗位

以潍坊学院对信息技术行业的调研为例，该校发现随着大数据和 AI 的兴起，数据科学家和 AI 工程师这两个岗位需求激增。学校据此调整了课程体系，增设了相关课程，并加强了与企业的合作，以便为学生提供更多的实习机会。

通过深入的行业需求调研与分析，应用型本科院校能更精准地把握市场动态，洞悉行业对人才的真实需求。这不仅有助于院校设置更贴近市场的学科与专业，优化教育资源配置，还能促进院校与企业的紧密合作，推动产学研用的深度融合。这一基础性工作对于提升教育质量，培养符合社会需求的高素质人才至关重要。因此，院校应投入足够的资源，确保调研的精准和有效，为学科与专业建设奠定坚实基础。

行业需求调研与分析是应用型本科院校进行学科与专业建设的基础工作，也是确保人才培养质量的关键环节。院校应高度重视这一工作，投入必要的人力和物力资源，确保调研结果的准确性和有效性，为后续的学科与专业建设提供有力支撑。

（二）就业前景预测与专业设置调整

应用型本科院校在进行学科与专业构建时，必须对行业需求进行深入调研与精准分析，同时，对就业前景的科学预测也至关重要，这将指导我们调整和优化专业设置。就业前景预测能为院校指明未来人才培养的方向，进而设计出更加贴近市场需求的专业配置。

就业前景预测需要全面考虑行业发展趋势、经济社会需求变化、技术革新等多方面因素。例如，院校可以通过收集历年的就业数据、行业增长率、人才需求报告等形成清晰的行业发展趋势图。此外，参与行业研讨会、关注最新的市场研究报告也是获取前沿信息的重要途径。与用人单位和行业协会保持密切沟通，能够更直观地了解市场对未来人才的具体需求，使预测更具前瞻性和实用性。

以近年来的数据为例，软件工程专业因信息科技的飞速发展，市场需求持续旺盛，院校可以针对此类专业加大教育资源投入，更新教学内容，并强化师资队伍建设，以满足市场对高素质人才的需求。相反，对于传统专业，如果市场需求呈现出明显的下滑趋势，院校则应当进行审慎评估，考虑专业调整或资源整合。

动态优化专业结构是应用型本科院校适应经济社会发展的关键。随着新兴技术的不断涌现，如 AI、大数据分析等热门领域，院校应及时捕捉这些变化，增设相关专业以满足市场需求。同时，对于那些市场需求减少或消失的专业应进行合理的撤销或合并。

院校应加强与市场、行业的沟通和联系，不断完善预测和调整机制，确保专业设置始终符合市场需求和人才培养目标。

（三）动态优化专业结构的机制

在应用型本科院校的学科与专业建设中，建立动态优化专业结构的机制至关重要，以更好地适应经济社会的快速发展和行业技术的持续进步。此机制有助于院校灵活性、前瞻性和针对性地设置专业，确保教育与市场需求的紧密同步。

动态优化专业结构首先要构建常态化的市场调研和反馈系统。例如，潍坊学院通过与企业、人才市场和校友保持紧密沟通，每季度都进行人才需求、就业状况和技术趋势的调研。其次，院校应建立灵活的专业设置与调整流程。在充分论证和评估的基础上，能够快速响应市场需求，增设新专业或调整现有专业的培养方向。同时，对于不适应市场需求或培养效果不佳的专业，院校应有勇气及时进行调整或撤销。再次，动态优化专业结构的机制还包括建立专业的生命周期管理体系。每个专业从设立到发展、成熟，直至可能的淘汰，都应有明确的评估标准和发展规划。院校应定期对专业进行自评和专家评估，根据评估结果制订专业的发展策略和调整计划。最后，动态优化专业结构的机制需要院校内部各部门之间的协同合作。教务、招生、就业、科研等部门应共享信息，共同参与到专业设置的决策过程中来。同时，院校还需要与校外的行业企业、研究机构等建立紧密的合作关系，共同参与到专业建设和人才培养中来。

动态优化专业结构的机制是应用型本科院校适应市场需求、提高人才培养质量的重要保障。院校应通过建立常态化的市场调研和反馈系统、灵活的专业设置与调整流程、专业的生命周期管理体系及内部协同合作的机制，确保专业设置的科学性和前瞻性。

二、教育资源优化配置策略

（一）现有教育资源的评估与整合

在应用型本科院校的学科与专业构建过程中，对现有教育资源的细致评估与有效整合对于优化资源配置、提升教育产出具有至关重要的作用。通过实施一项全面而详尽的评估，能够准确掌握院校教育资源的储备情况、分布结构和整体质量，这将为后续的资源重整和高效分配奠定坚实的数据基础。

评估的范围应覆盖院校的所有关键领域，具体包括师资力量、教学设施、实验设备及图书资料等。在师资力量方面，不仅需要统计教师的数量，还要深入分析教师的专业背景、学术成就及教学能力。在教学设施方面，要全面检查设施的完善度、技术先进性及日常使用效率。在实验设备方面，要评估其配置的合理性及是否能够有效支持教学和科研工作。在图书资料方面，评估的重点在于资源的丰富程度、更新频率及师生的借阅利用率。

基于评估结果，院校应制订并实施一套资源整合策略。这一策略的核心在于打破部门间及专业领域的隔阂，推动教育资源的共享，实现资源的高效利用。对于校内的高质量资源，可以通过搭建资源共享平台、完善资源使用规章制度，进一步拓宽其服务范围和影响力。同时，针对那些未被充分利用或效率低下的资源，需要通过合理的调配、重组或技术升级来提升使用效益。对于院校目前缺乏或数量不足的资源，应积极通过采购、合作或其他途径来尽快补充。

此外，为确保资源配置的持续优化，院校还需建立一套动态调整机制。由于教育环境和学校发展目标可能会随时间而变化，需要定期对校内教育资源进行再评估与整合。这样不仅可以及时响应外部环境的变化，还能确保资源配置始终与学校的发展战略保持一致。

通过科学评估、合理整合和动态调整，院校可以优化资源配置，提高教育效益，为培养高素质应用型人才提供有力保障。

（二）新增教育资源的规划与投入

新增教育资源的规划与投入不仅关系到院校的教学质量和科研水平，还直接影响到学生的培养质量和未来的就业前景。因此，院校必须高度重视新增教育资源的规划与投入工作。

首先，院校需要制订科学合理的新增教育资源规划。这包括对院校现有教育资源进行全面、深入的评估，了解各学科、专业的优势和不足，明确未来发展的需要和目标。在此基础上，结合院校的整体发展战略和市场需求，制订新增教育资源的具体规划，包括投入的方向、重点、数量和质量等。其次，院校需要加大对新增教育资源的投入力度。这包括资金的投入、设备的购置、场地的建设、师资的引进和培养等。院校应该通过多种渠道筹措资金，如政府拨款、社会捐赠、校企合作等，确保新增教育资源的投入得到充足的保障。同时，院校需要加强对投入资金的管理和监督，确保资金的使用效果和效益。最后，院校需要建立科学合理的新增教育资源使用和管理机制。这包括对新增教育资源进行统一的管理和调配，确保资源的充分利用和共享。同时，院校还需要建立相应的激励机制和约束机制，鼓励教师和学生充分利用新增教育资源，提高教学和科研水平，并对浪费资源、低效使用资源的行为进行约束和惩罚。

院校需要制订科学合理的新增教育资源规划，加大对新增教育资源的投入力度，建立科学合理的新增教育资源使用和管理机制，确保新增教育资源能够充分发挥作用，为院校的教学和科研工作提供有力的支持。

(三) 教育资源共享与协同发展

在教育领域，特别是应用型本科院校的学科与专业建设中，实现教育资源共享与协同发展，不仅有助于优化教育资源配置，还能提高教育质量，促进学生的全面发展。

教育资源共享是指不同学校、机构之间共享各自优质的教育资源，如师资、课程、教学设施等。通过共享，可以打破资源壁垒，实现资源的互通有无，让更多的学生享受到优质的教育资源。这种共享不仅可以在学校之间进行，还可以通过在线教育平台等方式将资源覆盖到更广泛的地区，促进教育公平。

协同发展是指在教育资源共享的基础上，不同学校、机构之间加强合作与交流，共同推进教育教学改革和创新。通过协同发展，可以实现教育资源的优势互补，推动教育理念和教学方法的更新，培养更多符合社会需求的高素质人才。

为了实现教育资源共享与协同发展，应用型本科院校需要建立相应的合作机制和平台。首先，可以加强与其他学校的合作与交流，共同开展课程建设、师资培训等活动。其次，可以积极参与区域性或全国性的教育资源共享平台，将自身的优质资源贡献出来，同时借鉴其他学校的成功经验。最后，可以通过校企合作等方式，引入企业的优质资源和先进技术，推动教育教学与产业发展的深度融合。

通过加强合作与交流，建立相应的合作机制和平台，可以实现教育资源的优化配置和高效利用，推动教育教学质量和人才培养水平的提升。这不仅有助于院校自身的发展，也对社会的经济发展和科技进步具有重要意义。

三、学科交叉融合创新原则

（一）跨学科课程与教学设计

跨学科课程与教学设计是推动学科交叉融合创新的重要手段，旨在突破传统学科壁垒，实现不同学科领域知识和方法的深度融合，进而为学生提供更加开阔的学习视野与能力培养平台。跨学科课程设计关键点相关说明如表3-2所示。

表3-2　跨学科课程设计关键点相关说明

序号	关键点	说明
1	知识体系整合	将不同学科的知识体系融为一体，构建综合性的课程内容框架
2	创新思维激发	通过多学科交融，激发学生的创新思维，提高学生解决问题的能力
3	基础技能培养	使学生掌握多个学科的基础知识，为学生未来职业发展打下坚实基础

以"科技与人文融合"课程为例，该课程结合了计算机科学和文学艺术两个领域，使学生在探究数字技术的同时，也能理解和欣赏其对社会文化的影响。这种跨学科课程设计不仅让学生了解到技术与艺术的紧密联系，还培养了他们的审美情趣和创新设计能力。

在教学设计环节，教师应采用多元化的教学方法，强调学生的主动性和参与性。例如，通过小组讨论、案例分析、项目实践等形式，鼓励学生合作学习、自主探究。教师需精心设计融合不同学科知识的教学案例，指导学生将理论应用于实践，解决实际问题。

同时，跨学科教学的评价体系也应全面而科学，覆盖知识掌握、技能应用、创新思维等多个维度。例如，可采用作品展示、口头报告、同行评审等方式，多角度评估学生的学习成效。

通过整合不同学科的知识和方法，采用灵活多样的教学手段和评价方式，可以培养学生的综合素质和创新能力，推动学科交叉融合创新的发展。

（二）交叉学科研究平台的搭建

交叉学科研究平台的搭建不仅为不同学科的交流与合作提供了空间，更为新知识的产生和创新型人才的培养创造了条件。

以同济大学为例，该校搭建的交叉学科研究平台在短短两年内便取得了显著成果。平台汇聚了计算机科学、机械工程和生物医学等多个学科的专家团队。通过共同研究，他们成功开发出了一款能够辅助医生进行精准手术的智能机器人，不仅提高了手术效率，还大大降低了手术风险。这一成果不仅增强了学校的科研实力，也为社会带来了实实在在的好处。

在搭建交叉学科研究平台时，需要注重以下几个方面：一是要明确平台的研究方向和目标，确保不同学科的研究团队能够围绕共同的目标开展合作；二是要建立健全的管理机制和运作模式，确保平台的顺畅运行和高效产出；三是要加强平台的硬件设施建设，包括实验室、仪器设备、图书资料等，为研究人员提供良好的工作环境和条件；四是要注重平台的开放性和共享性，吸引更多的研究团队和人才加入，共同推动交叉学科研究的发展。

此外，交叉学科研究平台的搭建还需要与应用型本科院校的教学和人才培养紧密结合。通过平台的研究项目和成果，可以丰富教学内容和课程体系，提高教学质量和水平。同时，可以为学生提供更多的实践机会和创新创业平台，培养他们的创新精神和实践能力。

同济大学交叉学科研究平台主要成果如表3-3所示。

表3-3 同济大学交叉学科研究平台主要成果

成果名称	涉及学科	主要研究人员	研究周期/年	成果描述
智能手术机器人	计算机科学、机械工程、生物医学	张三、李四等	2	辅助医生进行精准手术，提高手术效率，降低手术风险
新型环保材料	化学工程、环境科学	王五、赵六等	1.5	具有优异的环保性能和可降解性，可广泛应用于包装、建筑等领域
智能家居控制系统	电子信息工程、计算机科学	刘七、陈八等	1	实现家居设备的智能化控制，提高生活便利性

通过搭建交叉学科研究平台，可以促进不同学科的交流与合作，推动学术创

新和技术进步，为教学和人才培养提供有力支撑。

（三）创新型交叉学科人才培养模式

创新型交叉学科人才培养模式是推动教育创新、提升人才培养质量的关键举措。该模式力求打破传统学科框架，通过交叉融合，着力培养具备创新精神、实操能力及跨学科知识背景的综合型人才。该模式的核心在于全方位的创新，涵盖课程设置、教学方法及评价体系。通过融入交叉学科的理念，为学生提供更宽广的学科视野和丰富的知识背景，从而激发他们的创新思维。

在课程设置方面，应用型本科院校应紧密围绕市场需求、行业发展趋势及学生职业发展需求，进行科学合理的规划与设计。首先，要明确培养目标，确保课程设置与培养目标高度契合。应用型本科院校应注重培养学生的实践能力、创新能力和职业素养，因此，课程设置应强调理论与实践相结合，加强实验、实训、实习等实践教学环节，提高学生的动手能力和解决实际问题的能力。其次，要紧跟行业发展趋势，及时调整课程设置。随着科技的飞速发展与社会的不断进步，新兴行业和领域不断涌现，应用型本科院校应敏锐捕捉这些变化，及时增设相关课程，更新教学内容，确保学生所学知识技能与市场需求相匹配。再次，应注重学生综合素质的培养。除专业课程外，还应设置通识教育课程、创新创业课程、人文素养课程等，拓宽学生的知识面，提高学生的综合素质和竞争力。最后，要加强与企业、行业的合作，共同开发课程。通过校企合作，可以引入行业专家参与课程设计和教学，将企业的实际需求与最新技术融入课程，提高课程的实用性和针对性。同时，还可以为学生提供更多的实习、就业机会，促进学生的职业发展。

在教学方法上，创新型交叉学科人才培养模式强调学生的主体性和参与性。通过采用案例教学、项目驱动、团队合作等教学方法，引导学生主动探究、合作学习，培养他们的批判性思维和解决问题的能力。同时，注重实践教学环节的设计与实施，为学生提供更多的实践机会和创新创业平台。

在评价体系方面，创新型交叉学科人才培养模式需要建立相应的评价体系。这种评价体系应该注重学生的全面发展，包括知识掌握、技能运用、创新思维等多个方面。通过科学的评价方法和手段，可以及时发现学生在学习中存在的问题和不足，为教学改进提供依据和方向。

通过创新课程设置、教学方法和评价体系等方面，可以培养具有创新精神、实践能力和跨学科知识背景的高素质人才。

第二节　特色专业与优势学科的培育

本节主要探讨应用型本科院校在特色专业与优势学科的培育方面的策略与实践。通过明确专业定位、优化课程设置、加强师资队伍建设及深化产学研合作，应用型本科院校成功打造了一系列具有市场竞争力和社会影响力的特色专业与优势学科，有效提升了人才培养质量和就业竞争力，为区域经济社会发展提供了有力的人才支撑。

一、特色专业的内涵与建设路径

（一）特色专业的识别与定位

特色专业，顾名思义，是指那些具有独特性、优势性和不可替代性的专业。它们往往与学校的历史沿革、地域文化、行业背景等紧密相关，是学校办学特色和核心竞争力的重要体现。

识别特色专业首先要从学校现有的专业群中进行筛选和比较。通过深入分析各个专业的历史发展、师资力量、科研水平、教学质量、社会声誉等方面的情况，可以发现那些具有相对优势和发展潜力的专业。这些专业往往形成了较为完善的教学体系和学科特色，且在校内外有一定的知名度和影响力。

定位特色专业则需要进一步明确其发展方向和目标。这需要根据国家和地方的产业发展规划、行业需求变化及学校的整体发展战略来进行综合考量。例如，"优秀的运动员、专业性的体育业务人才都是体育产业发展不可多得的资源"（王艳，刘金生．我国小城镇体育产业发展方略[M]．北京：人民体育出版社，2023：170）。通过科学定位和合理规划，可以将特色专业打造成为学校的品牌专业和优势专业，从而更好地服务于地方经济和社会发展。

在识别和定位特色专业的过程中，还需要注意以下几点：一是要突出专业的独特性和优势性，避免与同类专业雷同或趋同；二是要注重专业的内涵建设，包括课程体系、教学方法、实践教学等方面的改革与创新，三是要加强专业的外部联系与合作，包括与企事业单位、行业协会、科研机构等的合作与交流，以拓展专业的应用领域和影响力。

通过科学识别和合理定位，可以打造出一批具有独特性、优势性和不可替代性的特色专业，从而提升学校的办学水平和核心竞争力。

（二）特色专业课程体系构建

特色专业课程体系构建不仅需要紧密围绕特色专业的定位和培养目标，还需要充分整合校内外教育资源，创新课程内容和教学方法，以形成具有独特性、系统性和前瞻性的课程体系。在构建特色专业课程体系时，需要注意以下几个方面。

（1）要进行课程内容的优化与整合，这包括精选基础课程、突出核心课程、增加选修课程及融入跨学科课程。通过这样的设计，可以确保学生掌握扎实的基础知识，同时又能根据兴趣和职业发展方向进行个性化选择。基础课程和核心课程示例如表 3-4 所示。

表 3-4 基础课程和核心课程示例

序号	类别	课程名称
1	基础课程	高等数学、大学英语、计算机基础
2	核心课程	专业导论、核心技术应用、项目实践

（2）强调课程与实践的深度融合。在实践教学环节，如实验、实训、课程设计和毕业设计被纳入课程体系中，旨在提升学生的实践能力和创新精神。例如，潍坊学院与某知名企业合作，共同开发了一门名为"企业实践项目"的课程，让学生在实际项目中应用所学知识，培养其解决实际问题的能力。

（3）关注课程的前沿性和创新性。随着科技和社会的快速发展，一些新的理论、技术和方法不断涌现。特色专业的课程体系应及时将这些内容纳入其中，保持与时代发展的同步。

（4）调整和优化特色专业课程体系。特色专业课程体系的构建是一个动态的过程。院校应定期对课程体系进行评估和修订，根据行业发展、学生需求及教学反馈等信息，不断调整和优化课程体系，以确保其持续适应特色专业发展的需要。

特色专业课程体系的构建是一项系统工程，需要学校、教师、学生及社会多方面的共同参与和努力。通过构建具有独特性、系统性、前瞻性和创新性的课程体系，可以为特色专业的培育和发展提供有力支撑。

（三）特色专业师资队伍建设

为了打造一支高水平、有特色的师资队伍，应用型本科院校需要从人才引进、培养提升、激励机制、结构优化等多个方面入手。

（1）人才引进。院校应根据特色专业的定位和发展方向，有针对性地引进在学术界有影响力、在行业中有经验的优秀人才。这些专家的加入能够为院校带来新的研究视角和实践经验，从而丰富教学内容和提升学生的实践能力。

（2）培养提升。除了常规的培训和学术交流，还应鼓励教师深入行业，亲身了解市场的最新动态和技术进步，这样不仅能增强教师的实践能力，还能确保教学内容与行业需求紧密相连。

（3）激励机制。院校应建立合理的考核评价体系和激励机制，对在教学、科研、社会服务等方面作出突出贡献的教师给予相应的奖励和晋升机会。这样可以激发教师的工作热情和创新动力，促进他们在特色专业的建设中发挥更大的作用。

（4）结构优化。通过引进不同背景、不同专长的教师，形成多元化的师资队伍结构。同时，加强教师之间的交流和合作，形成团结协作、共同发展的良好氛围。这样可以为特色专业的教学和科研工作提供更全面、更有力的支持。

特色专业的师资队伍建设是一项长期而艰巨的任务，需要院校从多个方面入手，全面提升师资队伍的整体素质和水平。只有这样，才能为特色专业的持续发展提供有力保障。

二、优势学科标准与评价

（一）优势学科的认定标准与程序

优势学科的认定不仅关系到学校的资源配置，更直接影响到学校的整体发展水平和竞争力。因此，制定科学合理的认定标准与程序显得尤为重要。

在认定标准上，优势学科应具备以下几个方面的特征：首先，学科方向应明确且符合国家和地方的经济社会发展需求，具有较高的学术价值和应用前景；其次，学科团队应具备较强的科研实力和教学水平，拥有一批高水平的学术带头人和骨干教师；最后，学科在人才培养、科学研究、社会服务等方面应取得显著成效，具有较高的社会声誉和影响力。

在认定程序上，院校应建立公开透明的评价机制，确保认定工作的公正性和权威性。具体而言，可以采取以下步骤：首先，由学科所在学院或系部进行自我评估，提交优势学科申报材料；其次，院校组织专家对申报材料进行评审，重点考查学科的学术水平、科研实力、教学质量和社会服务等方面的情况；最后，根据专家评审意见和学校整体发展规划，确定优势学科名单并予以公布。

值得注意的是，优势学科的认定不是一次性的工作，而是一个动态的过程。院校应定期对已认定的优势学科进行评估和考核，根据其发展情况及时调整和优化学科布局。同时，对于新兴的、具有发展潜力的学科，院校也应给予关注和支持，鼓励其快速发展并争取成为新的优势学科。

通过制定科学合理的认定标准和公开透明的认定程序，院校可以更加准确地识别出自身的优势学科，为学校的整体发展提供有力支撑。

（二）优势学科发展方向的凝练

优势学科发展方向的凝练要求学校进行精准定位并集中资源，专注于打造具备自身特色和强大竞争力的学科领域，进而引领全校的学科进步。以下是关于这一发展方向的详细阐述。

1. 市场调研与需求分析的重要性

院校需紧密结合国家和地方的经济社会发展脉络，特别是对新兴产业和关键领域的动向保持高度敏感，以此来锚定学科发展的战略方向。例如，近年来 AI、大数据等技术的崛起，使得相关领域的人才需求激增。通过与领先企业，如华为、阿里巴巴等的紧密合作，院校可以实时捕捉市场动态，为学科定位提供科学数据支持。

2. 立足学校优势与特色

院校需对现有学科进行客观、全面的评估。对学科评估的示例如表 3-5 所示。

表 3-5 对学科评估的示例

学科	发展潜力	比较优势	扶持需求
计算机科学与技术	高	明显	中等
机械工程	中等	一般	低
电子商务	高	明显	高

基于表 3-5 类似的评估，院校可以明确哪些学科具有显著的发展潜力和比较优势，进而决定资源投入的重点。

3. 前瞻性与创新性

随着科技的飞速发展，新兴交叉学科领域不断涌现。例如，生物技术与信息科学的结合诞生了生物信息学，这一新领域在未来有着巨大的发展潜力。院校应积极探索这些新兴领域，搭建生物信息学研究中心等跨学科研究平台，推动学科之间的深度融合与创新。

院校应紧密结合市场需求，明确自身的优势和特色，有前瞻性地规划并发展优势学科。为确保学科建设与经济社会发展步调一致，院校还需构建动态的评估与调整体系，时刻保持学科方向的敏锐度和适应性。同时，与行业和企业的深度合作不仅能为学科定位提供实时反馈，还可以为学生的实践和就业创造更多机会。

（三）优势学科建设成效评价

优势学科建设成效评价不仅关乎学科建设的持续改进与优化，更直接影响到学校的整体办学水平和竞争力。因此，构建科学、全面的评价体系显得尤为重要。

在评价内容上，需综合考虑多方面因素。在评价方法上，应注重定量与定性相结合。定量评价可以通过设置具体的指标体系和权重对学科建设的各项成果进行量化评估，确保评价的客观性和准确性。定性评价可以通过专家评审、同行评议等方式，对学科建设的创新性、特色性进行深入分析，挖掘学科建设的潜在优势和提升空间。

此外，优势学科建设成效评价还应注重动态性和发展性。学科建设是一个持续不断的过程，评价工作也应与之相适应，需定期开展评价工作并及时反馈评价结果。同时，在评价过程中，应关注学科的发展趋势和未来挑战，为学科的持续改进和发展提供有力支持。

通过构建科学、全面的评价体系，采用定量与定性相结合的评价方法，并注重动态性和发展性，院校可以更加准确地掌握优势学科的建设成效，为学校的整体发展和竞争力提升提供有力保障。

三、学科群建设与专业集群发展

（一）学科群布局规划与实施

在应用型本科院校的学科建设中，学科群布局规划与实施对于增强学校整体学科竞争力及提升办学层次至关重要。学科群作为相关学科的有机聚合，能够通过资源的高效配置和学科的深度融合形成显著的学科优势，进而引领学校全面发展。

1. 规划基础与发展定位

学科群的布局首要考虑的是学校的发展愿景和办学风格。院校需明晰自己的教育目标和特色，并深入剖析当前学科动向及市场需求，从而精准锁定那些值得优先发展的学科领域。

2. 强化学科间的联系与互补

在规划学科群时，必须考虑学科之间的内在联系和潜在互补性。将那些有共同研究背景、方向或能相互促进的学科紧密结合，可以催生更强大的研究能力和创新性。例如，工程技术与信息技术学科之间的交叉，可能催生出先进的智能制造和自动化技术。

3. 实施保障与资源配置

要确保学科群规划的成功实施，强有力的组织后盾和资源投入是必不可少的。院校需要构建一个高效的管理框架，并确立清晰的领导结构和运行模式。此外，资源的合理分配也至关重要，包括资金、设备和人才。例如，南方工业大学近年来对工程技术学科群进行了大量的资源投入，包括引进先进设备、聘请行业专家和提供学生实践机会。这些举措不仅加强了学科群的研究实力，还提高了学生的实际操作能力，使得该校的工程技术学科群在同类院校中脱颖而出。

通过精心规划、合理布局和切实执行，应用型本科院校不仅可以加强学科实力，还能为地方经济和社会发展培养更多高素质的应用型人才。

（二）专业集群协同育人模式探索

专业集群协同育人模式的核心在于通过专业间的深度融合与紧密协作，破除学科之间的隔阂，进而培养学生掌握跨学科知识和解决现实复杂问题的能力。以下是潍坊学院对此模式的详细探索。

1. 构建紧密的专业合作关系

为加强专业间的交流与配合，潍坊学院制订了共同的人才培养方案，确保课程体系在横向上的融会贯通和纵向上的有序衔接。例如，表 3-6 展示了该校部分跨学科课程的融合情况。

表 3-6 部分跨学科课程的融合情况

跨学科课程	融合专业	备注
计算机辅助设计	机械设计、计算机科学	培养学生利用计算机技术进行设计的能力
生物医药工程导论	生物科学、医药工程	让学生了解生物医药领域的交叉知识

此外，潍坊学院还通过联合实践活动，如"跨专业创新项目设计大赛"，鼓励学生团队结合多个专业知识进行创新设计，从而培养学生的综合素质和创新实践能力。

2. 建立协同育人新机制

为确保专业集群协同育人的顺利进行，潍坊学院成立了专业集群协同育人中心，专门负责资源调配与合作协调。该中心的成立推动了师资共享。例如，该校电子工程专业的教授同时为计算机科学专业的学生开设课程，实现了知识资源的最大化利用。同时，该校与多家行业领先企业建立了实习实训基地。这种产学研紧密结合的模式，不仅让学生在实际工作环境中得到了锻炼，还为企业输送了新鲜血液。

3. 建立完善的评价与反馈体系

为确保专业集群协同育人的效果，潍坊学院建立了完善的评价与反馈机制。每学期末，该校都会通过问卷调查、座谈会等方式收集学生、教师和合作企业的反馈。同时，潍坊学院也参考国内外先进的教育模式，持续优化协同育人策略。

通过构建紧密的专业合作关系、建立协同育人新机制及建立完善的评价与反馈体系，潍坊学院的人才培养质量得到了显著提升，为社会输送了大批具备跨学科知识和实践能力的复合型人才，为区域经济社会发展注入了新的活力。

（三）学科群与专业集群互动发展

学科群与专业集群的互动不仅有助于优化资源配置，还能促进学科交叉融合，从而提升学校的办学水平和竞争力。

首先，学科群与专业集群的互动发展有助于实现资源共享。通过打破学科和专业之间的壁垒，学校可以更加高效地利用有限的教育资源。例如，实验室、图书馆等硬件设施可以在学科群与专业集群之间共享，避免重复建设造成的浪费。同时，优秀的教师资源也可以在更大的范围内流动，提升教学质量。其次，学科群与专业集群的互动发展有助于促进学科交叉融合。在学科群与专业集群的互动过程中，不同学科与专业的知识、方法和技能得以相互借鉴和融合，从而催生出新的研究领域和创新点。这种交叉融合不仅有助于提升学生的综合素质和创新能力，还能推动学校科研水平的提升。最后，学科群与专业集群的互动发展有助于提升学校的社会服务能力。通过与地方产业、行业的紧密对接，学校可以更加准确地把握市场需求和人才培养方向。同时，学校可以将科研成果转化为实际应用，推动地方经济社会的发展。

为了实现学科群与专业集群的互动发展，院校需要建立相应的机制和平台。例如，可以设立跨学科研究中心或实验室，为不同学科和专业的教师提供合作与交流的平台。同时，院校还可以与地方企业、行业协会等建立合作关系，共同推动人才培养和科研创新。

通过实现资源共享、促进学科交叉融合和提升学校的社会服务能力，院校可以培养出更加符合市场需求的高素质人才。

第三节　学科交叉融合的创新实践

本节通过分析不同学科间的交叉点，阐述学科融合对于提升学生综合素质、拓宽知识视野的重要性。同时，通过具体案例展示学科交叉融合在课程设置、教学方式及实践环节中的创新应用，为培养具有创新精神和实践能力的应用型人才提供有益的探索与实践经验。

一、学科交叉融合的意义与价值

（一）拓展知识领域与认知视野

学科交叉融合具有深远的意义，其中最重要的一点便是能够极大地拓展学生的知识领域与认知视野。传统的单一学科教育往往使学生局限于某一专业领域的知识框架内，难以形成全面、多元的知识体系。学科交叉融合则打破了这一局限，通过不同学科的交融与碰撞,使学生能够接触到更为广泛的知识领域,从而极大地拓宽了他们的认知视野。

表 3-7 展示了单一学科教育与学科交叉融合在知识领域和认知视野方面的对比。

表 3-7　单一学科教育与学科交叉融合在知识领域和认知视野方面的对比

教育模式	知识领域	认知视野
单一学科教育	局限	狭窄
学科交叉融合	广泛	宽阔

北京大学开设了"科技与文化融合"的跨学科课程,该课程融合了计算机科学、艺术设计和文化传播等多个学科。通过学习,学生们不仅能够掌握计算机技术,还能理解艺术设计的原则和文化传播的策略,从而极大地拓宽了他们的知识领域和认知视野。这种拓展不仅有助于学生更全面地理解世界,还能够激发他们的创新思维。因为不同学科的知识和学习方法往往具有独特的视角与解决问题的思路,将这些知识和方法相融合可以产生新的认知和理解,从而推动知识的创新和进步。

此外,拓展知识领域与认知视野还有助于培养学生的综合素质。在多元化的知识背景下,学生需要学会如何整合不同学科的知识和方法,形成自己的综合解决问题的能力。这种能力不仅对学生的个人发展具有重要意义,也是当今社会所需的重要素质之一。

应用型本科院校应该积极推动学科交叉融合,通过跨学科课程、研究项目、实践活动等多种形式为学生提供拓展知识领域与认知视野的机会。同时,教师也应该不断更新自己的知识结构,积极学习其他学科的知识和方法,以更好地引导学生进行跨学科的学习和研究。

(二)提升创新能力和解决复杂问题能力

传统的单一学科教育常常将学生禁锢在某一学科的知识框架之内,这在处理错综复杂的实际问题时显得力不从心。相比之下,学科交叉融合的教育方式则为学生构建了一个更为宽广的学习舞台。它通过不同学科的交融与碰撞,点燃学生的创新思维火花,进而提升他们处理复杂难题的能力。

如表 3-8 所示,通过对比可以看出单一学科教育与学科交叉融合教育模式的差异。

表 3-8 单一学科教育与学科交叉融合教育模式的差异

教育模式	思维方式	问题解决能力	创新能力
单一学科教育	局限	有限	受限
学科交叉融合	开阔	强	强

学科交叉融合的力量在于它能粉碎固定的思维框架，训练学生从多元视角审视问题。举例来说，一项涉及计算机科学、生物学及心理学等多个学科的交叉研究项目就曾融合不同学科的理论和方法，并且成功研发出一款能够辅助心理健康治疗的应用软件。这样的创新成果正是得益于跨学科的思维方式。

此外，为了系统地提升学生的创新能力及解决复杂问题的能力，应用型本科院校应积极拥抱学科交叉融合的教学策略。具体可通过设计跨学科课程、启动跨学科研究项目和开展实践活动等途径，为学生提供丰富的学习和实践资源。同时，加强师资队伍建设也至关重要。例如，潍坊学院通过引进和培养具有跨学科背景的教师成功地提升了教学质量，为学生在创新和解决复杂问题的道路上提供了有力的支持。

（三）培育复合型创新人才

在快速变化的时代背景下，社会对人才的需求也在不断演变。应用型本科院校作为人才培养的摇篮，肩负着为社会输送合格人才的重任。其中，培育复合型创新人才已成为当下教育的重要目标。

复合型创新人才是指具备多学科知识背景、创新思维和实践能力的高素质人才。这类人才不仅拥有扎实的专业知识，还具备跨学科解决问题的能力，能够在复杂多变的环境中迅速适应并发挥创新优势。为了培育这类人才，学科交叉融合显得尤为重要。

表 3-9 展示了学科交叉融合对学生能力提升的预期效果。

表 3-9 学科交叉融合对学生能力提升的预期效果

能力维度	预期效果
知识广度	拓宽学生的知识视野，使学生掌握多学科基础理论
创新思维	培养学生从不同学科角度思考问题的能力
实践能力	强化学生在复杂情境下解决问题的能力

应用型本科院校在复合型创新人才的培养上具有得天独厚的条件。结合自身的教学特色和资源优势，院校可以推动不同学科间的交流与结合。例如，通过设计跨学科的综合课程，引导学生涉猎多个知识领域；实施跨学科的研究项目，让学生在实践中感受知识的融合；打造跨学科的实验和实践平台，助力学生将理论知识转化为实际操作能力。另外，加强师资力量的整合也是关键。鼓励教师进行跨学科的教学与研究合作，不仅能为学生提供更全面的学术指导，也能促进教师间的知识交流与共享。与此同时，与产业界的紧密合作也是不可或缺的。通过校企合作，学校可以及时了解行业动态，调整教学内容，确保人才培养与社会需求保持同步。

潍坊学院近年来积极推动计算机科学与技术、电子工程和机械设计等专业的交叉融合。该校通过设立"智能制造"跨学科课程，并结合校内的工程实训中心和校外的企业实习基地，为学生提供了从理论到实践的全方位培养。这一创新实践，不仅拓宽了学生的知识视野，更为他们未来的职业发展奠定了坚实基础。

通过学科交叉融合的教育模式创新，应用型本科院校能够更有效地培育出符合社会发展需求的复合型创新人才。

二、学科交叉融合的实践案例分析

（一）国内外典型案例分析

在学科交叉融合的创新实践中，国内外众多应用型本科院校已经取得了显著的成果。这些典型案例可以为其他院校提供有益的借鉴和参考。

在国内，首都医科大学在生物医学工程与计算机科学的交叉融合方面取得了突出成就。该校设立了生物医学信息与工程研究中心，汇聚了生物医学、计算机科学、数学等多个学科的优秀人才。通过跨学科的研究与合作，该中心在生物医学图像处理、生物信息学、医疗大数据分析等领域取得了一系列重要成果，不仅提升了学校的学科竞争力，也为相关行业的发展作出了积极贡献。

在国外，美国斯坦福大学在学科交叉融合方面的实践堪称典范。该校以跨学科研究为特色，鼓励不同学科之间的合作与创新。例如，斯坦福大学的人工智能实验室汇集了计算机科学、心理学、语言学等多个学科的专家，共同开展人工智能领域的前沿研究。这种跨学科的研究模式不仅推动了人工智能技术的快速发展，也为该校培养了大量具备创新精神和实践能力的优秀人才。

这些典型案例表明，学科交叉融合是提升应用型本科院校学科竞争力、培养创新型人才的重要途径。通过打破学科界限，汇聚不同学科的优秀人才和资源，可以推动科研创新、提高人才培养质量，为社会和经济的发展作出更大的贡献。因此，应用型本科院校应积极探索学科交叉融合的创新实践，为培养复合型创新人才创造更加有利的条件。

（二）案例成功要素剖析

在深入剖析学科交叉融合成功案例时，可以发现以下几个共同的成功要素。

（1）强有力的领导力和明确的愿景是案例成功的关键。在国内与国外的相关案例中，学校领导层通常具有前瞻性的思维，能够清晰地阐述学科交叉融合的重要性和未来发展方向。他们不仅为师生提供了明确的目标，还制定了相应的政策和措施来支持这一愿景的实现。

（2）跨学科的研究团队和平台的建设是成功的基石。在国内与国外的相关案例中，学校往往注重跨学科研究团队的组建，鼓励不同学科背景的师生共同参与研究项目。同时，他们还投入大量资源建设跨学科研究平台，为师生提供良好的研究环境和条件。这些举措有效地促进了学科之间的交流与合作，推动了创新成果的涌现。

（3）创新的人才培养模式是案例成功的重要因素之一。在国内与国外的相关案例中，学校通常注重培养学生的跨学科思维和实践能力，为他们提供多样化的课程和实践机会。通过参与跨学科的研究项目、课程学习和实践活动，学生不仅能够掌握多学科的知识和技能，还能够培养创新思维和解决问题的能力。这种人才培养模式为社会培养了大量具备创新精神和实践能力的复合型人才。

（4）有效的激励政策和资源配置是案例成功的保障。在这些案例中，学校通常制定了合理的激励政策，如设立跨学科研究基金、奖励创新成果等，以激发师生的积极性和创造力。同时，他们还注重资源的优化配置，确保跨学科研究项目能够得到足够的支持和保障。这些举措为学科交叉融合的创新实践提供了有力的支撑和保障。

强有力的领导力和明确的愿景为学科交叉融合提供了方向指引，跨学科的研究团队和平台的建设促进了科研合作与交流，创新的人才培养模式为社会输送了大量复合型人才，而有效的激励政策和资源配置为这一切提供了坚实的后盾。这些要素相辅相成，共同推动了学科交叉融合的创新与发展。

（三）案例推广应用的可行性

在探讨学科交叉融合案例的推广应用的可行性时，需从以下多个维度进行深入分析。

（1）要审视这些案例所展现的成功实践是否具备广泛适用性。通过详细剖析案例中的具体举措与战略，能够评估其是否适用于各类应用型本科院校及多样化的学科环境。

（2）资源投入与成本效益比是另一核心考量点。在推广应用时，需全面考虑人力投入、物力投入、财力投入，并评估其长期回报，以保障推广的持久性。

（3）制度与文化背景亦不容忽视。每所院校独特的制度框架和文化氛围都会对案例的推广成效产生影响。

（4）有效的推广机制和战略至关重要。这涵盖组建专业推广团队、规划详尽的推广蓝图、开展目标明确的宣传活动等多个方面。浙江大学通过建立跨学科研究团队并举办系列研讨会和工作坊，成功推广了其在新能源技术领域的交叉学科研究成果。

虽然学科交叉融合案例的推广应用具有一定的挑战，但只要充分考虑上述因素，制订科学合理的推广策略，就有可能实现成功的推广。这不仅有助于提升应用型本科院校的学科竞争力，还能为社会培养更多具备创新精神和实践能力的复合型人才。

三、推动学科交叉融合的机制创新

（一）组织架构与管理机制创新

为推动应用型本科院校的学科交叉融合，组织架构与管理机制创新显得尤为重要。

在组织架构方面，传统的学科组织模式往往以单一学科为中心，形成了相对封闭的学术壁垒，不利于跨学科的研究与合作。因此，创新组织架构，建立跨学科的研究机构或中心，成为推动学科交叉融合的关键一步。表 3-10 所示为关于跨学科研究机构建立前后的对比案例。

表 3-10　关于跨学科研究机构建立前后的对比案例

指标	跨学科研究机构建立前	跨学科研究机构建立后
学者交流频率	低，仅限于学科内部	高，跨学科交流成为常态
研究项目类型	以单一学科研究为主	跨学科综合研究项目增多
学生学科体验	较为单一，缺乏交叉学科学习	交叉学科学习体验丰富

跨学科研究机构可以汇聚不同学科背景的专家学者共同开展跨学科的研究项目。同时，它们还可以作为跨学科课程的开发与设计平台，为学生提供更加丰富的学科交叉学习体验。通过打破学科间的组织壁垒，促进不同学科之间的交流与合作，这些机构有助于推动学科交叉融合的深入发展。

在管理机制方面，过去学科管理常以学科为界限进行资源配置和成果评估，这在某种程度上制约了跨学科研究的推进。为了解决这一问题，可以建立跨学科的评价体系，明确将跨学科研究成果作为重要的评价指标。

激励机制的创新对于推动学科交叉融合也至关重要。通过建立跨学科研究机构、创新管理机制和激励机制，能够有效打破学科壁垒，推动学科交叉融合的深入发展，为培养具备跨学科思维和能力的创新型人才创造有利条件。

（二）跨学科研究平台与团队建设

跨学科研究平台是应用型本科院校科研创新的重要基石，它汇聚了来自多个学科的专家、学者，为他们提供了一个协同创新的环境。这些平台不仅配备了顶尖的实验设备（高端显微镜、光谱分析仪等）和计算资源（高性能计算机集群、云计算服务），还拥有丰富的数据库资源（国内外学术文献库、专业数据库），从而极大地提升了科研工作的效率与准确性。

团队建设是跨学科研究平台有效运行的关键。一个成功的跨学科团队应具备多样化的学科背景、良好的沟通能力和共同的研究目标。团队成员之间应相互尊重，愿意分享知识和经验，共同解决研究中遇到的问题。团队领导者应具备跨学科的研究视野和卓越的组织能力，能够协调不同学科背景的成员，确保研究项目顺利进行。

为了进一步强化跨学科研究，应用型本科院校需从多个维度着手。首要任务是增加对跨学科研究平台的投资，确保硬件设施与软件资源均处于行业前沿。同时，应积极推动不同学科间的交流与合作，为有意参与跨学科研究的教师和研究人员提供系统的培训与实际支持。此外，通过设立专门的跨学科研究项目基金，以及对杰出跨学科研究成果进行表彰与奖励，可以有效地提升团队成员的研究热情与创新活力。这些措施共同为应用型本科院校的跨学科研究工作奠定了坚实的基础。

（三）激励政策与资源配置优化

在激励政策方面，制定科学合理的激励政策，吸引并留住高素质人才。这包括建立完善的薪酬激励机制，使教师薪酬与工作绩效挂钩，同时提供职业发展机会、学术支持等非物质激励，激发教师的积极性和创造力。

在资源配置方面，要加大对教学、科研和实习实训等关键环节的投入。政府和企业应提供财政补助和项目资助，支持应用型本科院校进行教学设施建设、科研项目开展、师资培养和科技成果转化。院校也应优化人力资源配置，确保人尽其才。根据学科专业需求，合理配置教师资源，避免职能重叠和资源浪费。同时，加强师资队伍建设，引进具有行业背景和实践经验的双师型教师，提升整体教学水平和实践能力。

此外，加强产学研合作，推动校企合作。通过与企业、科研院所等机构的合作，共同开发课程、开展科研项目和实习实训，实现资源共享与优势互补。这不仅能提升院校的实践教学水平，还能为企业输送更多符合市场需求的高素质应用型人才。

应用型本科院校在激励政策与资源配置优化方面，需制定科学合理的激励政策、加大关键环节的投入、优化人力资源配置并加强产学研合作，以提升学校的办学能力和服务地方经济社会发展的能力。

第四章

应用型人才培养概述

在快速变化的社会环境中,应用型本科院校肩负着为社会培养高素质应用型人才的重要使命。本章将深入探讨应用型人才培养的目标等内容,旨在明确院校应如何根据行业需求和社会发展趋势,设定合理的培养目标,并提出具体的要求。通过明确培养目标与要求,应用型本科院校能够更有针对性地提升学生的专业技能、实践能力和综合素质,以确保毕业生能够更好地适应职场挑战,为社会的发展作出积极贡献。

第一节 应用型人才的内涵、基本特征及外延

应用型人才是具备实际操作技能,能够将理论知识与实践相结合的专业人才。他们不仅拥有丰富的专业知识,还具备解决实际问题的能力。在应用型本科院校教育中,这类人才的培养显得尤为重要。他们以满足社会需求为导向,通过实际操作与创新,为行业发展提供有力支持。

一、应用型人才的内涵

(一)知识与能力的结合

知识是人才培养的基石,它涵盖了专业领域的理论基础、技术原理及实践经验等多个层面。对于应用型人才而言,单纯的知识积累并不足以支撑其在实际工作中的需求,因此,能力的培养同样重要。知识与能力在应用型本科院校中的结合情况示例如表4-1所示。

表4-1 知识与能力在应用型本科院校中的结合情况示例

类别	重要性	描述与示例
知识	基础	专业领域的理论基础、技术原理等
实践能力	核心	如工程专业学生参与实际工程项目
创新能力	拓展	如学生在科技竞赛中提出创新解决方案

能力，特别是实践能力和创新能力，是应用型人才区别于其他类型人才的重要标志。实践能力是指将所学知识应用于实际工作中的能力，它要求人才不仅具备扎实的专业基础，还能够灵活运用所学知识解决实际问题。创新能力则是在实践基础上的一种更高层次的能力，它要求人才具备敏锐的洞察力、丰富的想象力和强大的创造力，能够在复杂多变的环境中不断探索新的解决方案。

知识与能力的结合，意味着在应用型人才培养过程中，既要注重知识的传授，又要加强能力的培养。这种结合不是简单的叠加，而是相互融合、相互促进的过程。知识的传授为能力的培养提供必要的支撑和保障，而能力的培养反过来促进知识的深化和拓展。这种良性的互动关系有助于应用型人才在知识结构和能力结构上达到一种动态的平衡，从而更好地适应不断变化的工作环境。

为了实现知识与能力的有效结合，应用型人才培养需要采取一系列有针对性的措施。首先，在课程设置上，应注重理论与实践的结合，增加实验、实训等实践性教学环节，让学生在实践中掌握知识、提升能力。其次，在教学方法上，应采用案例教学、项目教学等能够激发学生主动性和创造性的教学方法，引导学生自主学习、自主思考、自主实践。最后，在评价体系上，应建立多元化的评价体系，既注重对学生知识掌握情况的评价，又注重对学生实践能力和创新能力的评价，从而全面、客观地反映学生的知识和能力水平。

（二）理论与实践的融合

理论与实践的融合是应用型人才培养中的核心理念之一。理论是指导实践的基石，它提供了解决问题的框架和方法论。在应用型人才培养中，理论学习的目的不仅是为了获取知识，更重要的是为了指导实践，解决实际问题。

实践是理论的延伸和应用，是检验理论正确性的唯一标准。对于应用型人才而言，实践能力是其核心竞争力的重要体现。通过实践，人才可以将理论知识转化为实际技能，提高工作效率和解决问题的能力。同时，实践还能反馈到理论中，促进理论的完善和发展。

为了实现理论与实践的融合，应用型本科院校在课程设置上进行了创新。例如，潍坊学院计算机科学专业引入了"软件开发实践"课程，该课程结合真实项目案例，让学生在实践中运用和深化理论知识，其实践操作时间占课程总时长的60%。这种以实践为导向的教学模式显著提升了学生的动手能力。

在师资队伍建设方面，潍坊学院注重引进具有丰富实践经验的教师。例如，很多学院聘请了多位来自知名 IT 企业的工程师作为兼职教师,他们不仅带来了最新的行业知识,还能为学生提供真实的项目经验和职业指导。

此外,潍坊学院还加强了与企业的合作,建立了多个实践教学基地。这些基地为学生提供了真实的职业环境和实践机会,使他们在在校期间就能积累宝贵的工作经验。

通过创新课程设置、加强师资队伍建设及深化校企合作等措施,应用型本科院校成功实现了理论与实践的融合。这种融合不仅提升了学生的综合素质和就业竞争力,也为社会培养了更多高素质的应用型人才。

(三)职业素养与社会责任的兼备

职业素养和社会责任是应用型人才培养中不可或缺的重要方面。在快速发展的社会环境中,具备高度的职业素养和强烈的社会责任感已经成为企业对人才的基本要求。

职业素养涵盖了专业知识、职业技能、工作态度、道德品质等多个层面。对于应用型人才来说,掌握扎实的专业知识和技能是职业素养的基石。但仅仅有这些还不够,正确的工作态度、良好的职业道德和优秀的团队协作能力同样重要。这些要素共同构成了一个人的职业素养,决定了他在工作中的表现和发展。

与此同时,社会责任也是应用型人才不可或缺的品质。社会责任强调个人对社会和他人的责任感与使命感。在职业活动中,这意味着要秉持诚信、公正的原则,积极履行社会义务,为社会和行业的可持续发展贡献力量。对于应用型人才而言,将社会责任融入工作实践,不仅能够提升自身价值,还能为企业和社会创造更大的价值。

为了实现职业素养与社会责任的兼备,应用型人才培养应注重以下几点:首先,在课程设置中融入职业素养和社会责任教育,帮助学生树立正确的价值观和职业观;其次,加强实践教学,通过参与真实职业环境和工作任务培养学生的职业素养和社会责任感;最后,建立健全评价体系,将职业素养和社会责任纳入评价指标,激励学生不断提升自身的素质。

二、应用型人才的基本特征

(一)专业技能与实践能力

专业技能与实践能力是应用型人才最为核心的基本特征。在应用型人才的培养过程中,这两者相互关联、相互促进,共同构成了人才培养的基石。

专业技能是指应用型人才在特定领域内所具备的专业知识和技术能力。这是应用型人才区别于其他类型人才的重要标志,也是他们在职场中立足的基础。专业技能的培养需要系统的专业知识学习和扎实的技能训练。对于应用型人才而言,专业技能不仅要求掌握得全面,还要求运用得熟练,能够在实际工作中发挥出应有的效果。

实践能力是指应用型人才将所学知识应用于实际工作中的能力。它要求人才不仅要有理论知识,还要有将知识转化为实际操作的能力,以及解决实际问题的能力。实践能力的培养需要通过各种实践教学环节来实现,如实验、实训、实习等。在这些实践环节中,学生可以将所学知识应用到实际工作中,提高自己的实践能力和解决问题的能力。

在应用型人才培养中,专业技能与实践能力的培养是相辅相成的。一方面,专业技能的提升为实践能力的增强提供了有力支撑。只有掌握扎实的专业知识和技能,才能在实际工作中灵活运用,解决实际问题。另一方面,实践能力的增强又反过来促进专业技能的提升。通过实践,人才可以发现自己的不足之处,进而有针对性地进行学习和训练,不断提高自己的专业技能水平。

因此,在应用型人才培养过程中,应注重专业技能与实践能力的结合,既要加强专业知识和技能的学习与训练,又要注重实践教学环节的设计与实施。

(二)创新能力与问题解决能力

创新能力与问题解决能力是应用型人才所必须具备的两大核心能力,也是应用型人才在职场竞争和行业发展中立于不败之地的关键。

创新能力是指应用型人才在面对新的问题和挑战时,能够提出新颖、独特的解决方案,从而推动工作的进展和行业的发展。在快速变化的时代背景下,创新能力成为企业和行业对人才的基本要求。对于应用型人才而言,创新能力不仅是一种工作技能,更是一种思维方式和生活态度。只有具备创新能力,才能不断适应新的工作环境和市场需求,为企业和行业的发展注入新的活力。创新能力的培养方法一般包括激发创新意识、提高参与创新项目的积极性、进行跨学科交流等。

问题解决能力是指应用型人才在面对实际问题时,能够迅速、准确地找到问题的症结所在,并提出切实可行的解决方案。在职场中,问题是无处不在的,而问题解决能力的强弱直接影响到工作效率和工作成果。对于应用型人才来说，问题解决能力是其在工作中最为直接和实用的能力体现。只有具备强大的问题解决能力，才能在工作中游刃有余，不断为企业和行业创造价值。问题解决能力的培养方法一般包括实践教学、结合真实项目案例进行问题分析训练等。

在应用型人才培养过程中，应注重创新能力和问题解决能力的培养。首先，要激发学生的学习兴趣和创新意识，鼓励他们勇于尝试新的方法和思路。其次，要通过实践教学和项目训练等方式，提高学生的实际操作能力和问题解决能力。最后，要为学生创造一个开放、包容的学习环境，让他们在自由探索中不断提升自己的创新能力和问题解决能力。

（三）团队协作与沟通能力

在当今高度互联的工作环境中，团队协作与沟通能力对应用型人才来说至关重要。这两者相辅相成，是工作中取得成功的基石。以潍坊学院的毕业生就业情况为例，据调查，那些在工作中表现出色的学生普遍在团队协作和沟通方面有着出色的表现。

团队协作是指应用型人才能够与他人有效合作，共同完成任务的能力。在现代职场中，团队协作几乎贯穿所有工作。例如，在软件开发项目中，一个优秀的团队成员不仅能编写高质量的代码，还能与设计师、测试工程师等其他团队成员紧密合作，确保项目的顺利进行。

沟通能力是应用型人才能够清晰、准确表达想法，并倾听、理解他人观点的能力。在工作中，它对于消除误解、提高工作效率和质量至关重要。例如，在市场营销团队中，一个沟通能力强的成员能更准确地把握客户需求，从而提高销售业绩。

据统计，潍坊学院毕业生在入职后的首年，那些沟通能力强的员工晋升速度比沟通能力弱的员工快30%。这凸显了沟通能力对于职场发展的重要性。

对于应用型人才来说，缺乏团队协作与沟通能力会严重制约其职业发展。因此，在应用型人才培养过程中，潍坊学院特别注重这两项能力的培养。该校通过组织各类团队协作活动，如软件开发大赛、市场营销策划等，让学生在实践中提升团队协作能力。同时，开设专门的沟通技巧课程，并通过角色扮演、模拟谈判等方式，提升学生的沟通能力。

综上所述，团队协作与沟通能力是应用型人才在职场中取得成功的关键。院校应积极创造条件和环境，帮助学生提升这两项能力，为他们的未来发展奠定坚实的基础。只有这样，他们才能更好地适应现代职场的需求，为企业和社会的发展作出更大的贡献。

三、应用型人才与行业发展的关联

（一）行业需求对人才能力的影响

行业需求是塑造应用型人才培养方向的重要力量，它直接界定了所需人才的核心能力和素养。在科技日新月异、行业持续创新的背景下，各行业对人才的要求也随之不断演变和提升。这种动态变化对应用型人才的能力结构提出了更为全面和高端的挑战。

（1）行业需求决定了人才应具备的专业技能和实践能力。不同行业对专业技能的要求各不相同，因此，应用型人才必须具备与行业紧密相关的专业知识和实际操作能力。这种能力不仅包括对行业基础知识的掌握，还包括对行业新技术、新工艺的了解和应用。只有具备这样的能力，应用型人才才能在行业中立足，为企业创造价值。不同行业对专业技能的需求示例如表 4-2 所示。

表 4-2　不同行业对专业技能的需求示例

序号	行业	专业技能需求示例
1	IT	编程语言、软件开发、数据分析
2	制造业	机械操作、工艺流程、质量控制
3	金融业	财务分析、风险评估、投资策略

（2）行业需求同样塑造着人才的创新思维和问题解决能力。随着市场竞争的加剧和技术进步，具备灵活应变能力、创新思维和问题解决能力的人才日益受到企业的青睐。例如，在电子商务领域，能够快速适应市场变化、提出创新营销策略的人才对于企业在竞争中保持领先地位至关重要。

（3）在现代企业中，团队协作的重要性日益凸显，良好的沟通能力成为团队协作不可或缺的一环。在项目管理、市场营销等多个领域，团队协作和有效沟通是项目成功和业绩提升的关键因素。一个优秀的团队成员必须能够清晰表达自己的想法，同时能够倾听和理解他人的观点，以实现共同目标。

行业需求对应用型人才的能力有着深远的影响。它不仅决定了人才应具备的专业技能和实践能力，还影响着人才的创新能力和问题解决能力及团队协作与沟通能力。因此，在应用型人才培养过程中，必须密切关注行业需求的变化，及时调整培养目标和培养方式，确保人才具备与行业发展相匹配的能力和素质。

（二）技术变革对人才素质的要求

随着科技的不断进步和新兴技术的涌现，技术变革已成为推动社会发展的重要力量。这种变革不仅改变了人们的生活方式和工作方式，还对人才素质提出了全新的要求。对于应用型人才而言，技术变革意味着他们必须不断更新自己的知识体系，提升技能水平，以适应不断变化的工作环境。表 4-3 展示了技术变革对人才素质的部分要求。

表 4-3 技术变革对人才素质的部分要求

素质要求	重要性评级（1~10）	相关行业案例
学习能力与适应能力	9	智能制造领域的自动化技术更新
创新能力与问题解决能力	8.5	新能源汽车行业的电池技术突破
跨学科知识与团队协作能力	8	"互联网+"时代的多学科项目合作

（1）技术变革要求人才具备更强的学习能力与适应能力。新技术的出现往往伴随着新的知识和技能需求，应用型人才必须能够快速学习并掌握这些新知识、新技能，以便在工作中应用。同时，他们还需要具备较强的适应能力，能够迅速适应新的技术环境和工作环境。

（2）创新能力与问题解决能力在技术变革中显得尤为重要。据统计，85%的科技创新型企业更倾向于招聘具有创新思维和问题解决能力的人才。以新能源汽车行业为例，电池技术的突破需要研发人员具备创新思维，能够提出新颖的电池设计方案，并解决续航里程短、充电时间长等技术难题。

（3）跨学科知识与团队协作能力也是技术变革中的关键素质。在一项针对 500 家科技企业的调查中，有 65%的企业表示，它们更倾向于招聘具备跨学科背景和团队协作能力的人才。在"互联网+"时代，一个成功的项目往往需要市场营销、数据分析、用户体验设计等多个领域的专家共同协作。例如，在开发一款新的智能穿戴设备时，需要硬件工程师、软件工程师、设计师和市场营销人员等多个团队紧密合作。

技术变革对应用型人才的素质提出了全新的要求，包括更强的学习能力与适应能力、更高的创新能力与问题解决能力、良好的跨学科知识与团队协作能力等。这些要求不仅反映了当前科技发展的趋势，也为应用型人才的培养指明了方向。因此，在教育和培养过程中，应注重提升学生的这些素质，帮助他们更好地适应技术变革带来的挑战和机遇。

（三）应用型人才在行业中的作用

应用型人才不仅具备扎实的专业知识和技能，还能够将理论与实践相结合，为行业的发展提供有力的支持。

（1）应用型人才是行业创新的重要源泉。他们具备敏锐的洞察力和创新思维，能够发现行业中的问题和挑战，并提出切实可行的解决方案。通过不断探索和实践，他们为行业带来新的技术、产品和服务，推动行业向更高水平发展。

（2）应用型人才在行业中起到桥梁和纽带的作用。他们能够将学术界的最新研究成果转化为实际应用，促进产学研的紧密结合。同时，他们还能够与行业内外的各方利益相关者进行有效沟通和协作，共同推动行业的健康发展。

（3）应用型人才在提升行业竞争力方面也发挥着重要作用。他们具备较高的专业素养和实践能力，能够迅速适应行业变化并不断提升自身能力。这使得他们在激烈的市场竞争中脱颖而出，为所在企业赢得更多市场份额和竞争优势。

（4）应用型人才还承担着培养行业后备人才的责任。他们通过传授经验、指导实践等方式，帮助新人快速融入行业并成长为合格的专业人才。这种传承和帮带作用对于保持行业人才队伍的连续性和稳定性具有重要意义。

应用型人才在行业中的作用是多方面的，他们既是创新者、桥梁和纽带，也是提升竞争力和培养后备人才的关键力量。

第二节　应用型人才培养的目标定位

应用型本科院校旨在培养既具备扎实理论基础，又有较强实践能力和创新精神的高素质应用型人才。这类人才能够灵活应对行业变化，解决实际问题，为社会经济发展提供有力的支撑。目标定位明确有助于指导教学计划和课程设置，以满足社会对应用型人才的需求。

一、培养目标的确定原则

(一) 社会需求导向原则

在应用型人才培养过程中,社会需求导向原则占据着至关重要的地位。这一原则强调人才培养的目标和方向应与社会的实际需求紧密相连,确保所培养的人才能够为社会所用,满足各行业的发展需求。表 4-4 展示了部分行业需求与人才培养的对应关系。

表4-4 部分行业需求与人才培养的对应关系

行业	需求技能	人才培养重点
IT	编程、数据分析	计算机科学与技术、软件工程课程
金融	风险管理、投资分析	金融学、经济学课程及实操训练
制造业	技术操作、生产管理	机械工程、自动化专业课程及实习

(1)社会需求导向原则要求教育机构密切关注行业发展趋势和市场需求变化。通过定期的市场调研和行业需求分析,教育机构可以了解当前社会对应用型人才的专业知识、技能和素质的具体要求,从而及时调整专业设置和课程内容,确保教学内容的时效性和实用性。

(2)社会需求导向原则还体现在教学方法和教学手段的选择上。为了使学生更好地适应未来的工作岗位,教育机构应采用与行业发展相契合的教学方法和手段,如项目教学、案例分析、实践操作等,以提高学生的实践能力和问题解决能力。

(3)社会需求导向原则还要求教育机构与企业、行业等社会各界建立紧密的合作关系。通过校企合作、产学研结合等模式,教育机构可以引入更多的行业资源和实践机会,为学生提供更加贴近实际的学习环境和就业平台。这种合作模式不仅可以提升学生的职业素养和综合能力,还有助于推动教育内容与行业标准的深度融合。

(4)社会需求导向原则的实施需要教育机构建立灵活的培养目标调整机制。随着社会的快速发展和行业的不断变革,应用型人才的需求也会发生相应变化。因此,教育机构应定期对培养目标进行评估和修订,确保培养的人才始终与社会需求保持同步。

社会需求导向原则是应用型人才培养过程中的一项基本原则。通过密切关注社会需求、优化教学方法和手段、加强校企合作及建立灵活的培养目标调整机制，教育机构可以培养出更加符合社会需求的高素质应用型人才。

（二）学生全面发展原则

学生全面发展原则强调教育的目标不仅仅是传授知识，更重要的是促进学生的全面发展，包括知识、能力、素质等多个方面。

（1）教育机构需按照学生全面发展原则，构建涵盖多方面的教育内容框架。除了深入的专业知识，还需强化通识教育，提升学生的人文素养和科学素养，以此拓宽学生的知识视野，并为学生打下深厚的知识基础。例如，潍坊学院成功开设了一系列通识课程，有效拓宽了学生的知识领域。

（2）能力的培养是学生全面发展原则的核心。特别是针对应用型人才的培养，各种实践技能尤为重要。院校应通过实践教学、社会实践及创新创业活动全方位锻炼学生的专业技能、实践能力、创新能力及沟通能力。例如，院校与企业合作，为学生提供实习机会，使其在真实的工作环境中锻炼和提升各项能力。

（3）学生的个性化发展同样不容忽视。教育机构需充分尊重每个学生的个性差异，通过提供多元化的教育资源和培养路径，满足他们的个性化需求，进而激发他们的特长和潜能。一些院校已经在这方面做出了尝试，如设立多样化的选修课程，供学生根据自身兴趣选择。

（4）为确保学生全面发展原则的有效实施，科学的教育评价体系必不可少。这一体系需要全面、客观、公正地评估学生的发展状况，涵盖知识掌握、能力展现和素质提升等多个层面。借助评价结果的反馈，教育机构可以及时调整教学策略，以更好地促进学生的全面发展。

通过提供全面的教育内容、培养各种能力、关注个性化发展及建立科学的教育评价体系，教育机构可以培养出知识、能力、素质全面发展的高素质应用型人才。

（三）学校特色与优势原则

学校特色与优势原则强调学校在制订人才培养目标和策略时，应充分发挥自身的特色和优势，形成独特的人才培养模式，以更好地满足社会需求和促进学生的全面发展。

（1）学校特色与优势原则要求学校深入挖掘自身的办学历史和传统，提炼出独特的办学理念和教育特色。这些特色可能体现在学科专业、教学方法、校园文化等多个方面，是学校在长期办学过程中积累形成的宝贵财富。通过将这些特色融入人才培养体系，学校可以打造出具有标识性的人才培养品牌。

（2）基于学科和师资的强项，学校聚焦发展有竞争力的学科集群。举例来说，潍坊学院的机械工程专业由于拥有国内领先的实验室和一批资深教授，已成为学校的王牌专业。近年来，该专业与企业、研究所等合作，为学生提供了丰富的实践和研究机会，不少成果已成功转化为实际产品或服务。

（3）创新是人才培养不可或缺的一环。潍坊学院在跨学科教育上进行了大胆尝试，如为工商管理学生开设计算机编程课程，以增强学生在数据分析和信息系统管理方面的能力。同时，通过引入导师制，使学生从入学之初就能得到专业指导，从而更好地规划自己的学术和职业生涯。

（4）学校特色与优势原则的实施需要学校建立科学的人才培养评价体系。这一评价体系应充分考虑学校的特色和优势因素，将人才培养质量作为评价的核心指标。通过定期开展校内评估、接受社会评价等方式，学校可以及时了解人才培养的成效和不足，为调整和优化人才培养策略提供科学依据。

通过发挥自身的特色和优势、重点发展优势学科专业、创新人才培养模式及建立科学的人才培养评价体系等措施的实施，院校可以培养出更加符合社会需求和具有竞争力的高素质应用型人才。

二、具体培养目标的设定

（一）知识结构目标

在应用型本科院校的人才培养体系中，知识结构目标是构建一个系统、完整且适应社会发展需求的知识框架。该目标的实现对于学生综合素质的提升、社会适应能力的增强及个人职业道路的铺设具有深远的影响。

（1）知识结构的基础在于宽广而扎实的基础知识。这涵盖了人文社科、自然科学及工程技术等多个学科领域。例如，通过"大学语文"与"基础物理学"等课程，学生不仅能够积累文化知识，还能够培养跨学科的思考能力。这些基础课程如同稳固的地基，为后续的专业深造和职业发展提供了坚实的支撑。

（2）知识结构目标强调专业知识的系统性和前沿性。院校应根据不同专业的特点和社会需求，科学设计专业课程体系，确保学生掌握本专业的核心知识和基本技能。同时，院校还应及时跟踪学科前沿动态和技术发展趋势，将最新成果和理念融入教学内容，保持专业知识的时效性和先进性。

（3）强调知识的实践性与应用性。在"电子工程设计"实训课程中，学生需要将理论知识应用于实际电路设计，这种"学以致用"的教学方法显著提升了学生解决实际问题的能力。同时，通过与企业合作，学生参与真实的项目开发，如"智能家居系统"的设计与实施，进一步增强了知识转化和创新能力。

（4）知识结构目标的实现需要院校建立灵活多样的课程体系和教学模式。院校应根据不同学生的兴趣和需求，提供多样化的课程选择和学习路径。通过模块化课程设计、在线开放课程、跨学科课程群等方式，打破传统课程的束缚，满足学生个性化的学习需求。同时，院校还应采用案例教学、翻转课堂、混合式教学等先进的教学方法，激发学生的学习兴趣和主动性，提高教学效果。

为实现上述知识结构目标，潍坊学院建立了灵活的课程与教学模式。如表4-5所示，该校通过多种课程形式与教学方法，满足了学生个性化的学习需求。这种多样化的教育策略不仅激发了学生的学习兴趣，还改善了教学效果和学习体验。

表4-5 潍坊学院课程形式与教学方法示例

序号	课程形式	教学方法	示例
1	模块化课程	案例教学	"市场营销策略"课程通过分析成功与失败的营销案例，使学生更直观地理解理论知识
2	在线开放课程	翻转课堂	"微观经济学"在线课程预先发布视频讲座，课堂上则专注于讨论与问题解决
3	跨学科课程群	混合式教学	"环境与可持续发展"课程结合线上学习与实地考察，加深了学生对环境问题的全面理解

（二）能力结构目标

在应用型人才培养体系中，能力结构目标是指为学生塑造一种符合社会需求、能够高效解决实际问题的能力框架。这一目标强调学生的实际操作能力、创新能力和适应变化的能力，是学生未来职业发展和终身学习的重要基石。

（1）能力结构目标聚焦于实际操作能力的培养。学生应掌握本专业领域的核心技能，并能够将其灵活应用于实际工作场景。通过系统的实践教学、实验室操作、企业实习等环节，学生可以获得宝贵的实践经验，增强动手操作和解决实际问题的能力。

（2）创新能力是能力结构目标中不可或缺的一部分。面对快速变化的社会和不断涌现的新问题，学生需要具备独立思考、跨界融合和创新实践的能力。院校应通过开设创新课程、举办创新竞赛、搭建创新实践平台等方式，激发学生的创新思维，培养他们的创新意识和能力。

（3）团队协作能力也是现代社会对应用型人才的重要要求。学生需要学会在团队中与他人有效沟通、协调合作，共同解决问题。院校可以通过组织团队项目、团队实践活动等方式，培养学生的团队协作精神和沟通能力。

（4）适应变化能力在当前快速发展的时代背景下尤为重要。学生需要具备良好的自我学习、自我调节和自我发展的能力，以应对职业生涯中可能出现的各种变化和挑战。院校应注重培养学生的自主学习习惯，提供多样化的学习资源和学习路径，帮助学生建立终身学习的理念。

（5）为了实现这些能力结构目标，院校需要建立一套科学的能力评价体系。该体系应综合考虑学生在课程学习、实践活动、创新竞赛、团队协作等方面的表现，客观全面地评价学生的能力发展水平。同时，院校还应根据评价结果及时调整培养策略和方法，确保能力培养与实际需求紧密对接。

通过明确并落实这些目标，院校可以培养出具备实际操作能力、创新能力、团队协作能力和适应变化能力的高素质应用型人才。

（三）素质结构目标

在应用型本科院校的人才培养中，设定明确的素质结构目标旨在全方位提升学生的个人素质，以适应社会的发展需求。这些素质涵盖了传统的道德品质与文化素养，以及现代社会的公民意识、职业道德、创新精神和身心健康等关键领域。

（1）道德品质构成了素质结构的基石。通过德育课程、主题班会及社会实践等多种教育方式，致力于培育学生的核心价值观，如诚信、责任、尊重和公正。这些价值观不仅塑造了他们的人格，还引导他们形成了良好的行为习惯。例如，潍坊学院曾组织"诚信周"活动，在此期间学生通过各种实践活动深刻理解了诚信的重要性，显著提升了自身的道德意识。

（2）文化素养的培育同样是教育的重点。通过提供多元化的文化课程和活动，如文学沙龙、艺术展览和历史文化讲座，能够拓宽学生的文化视野，提高学生的审美情趣和人文素养。据统计，潍坊学院参与文化活动的学生比例从30%上升到了50%，显示出文化活动的吸引力和影响力。

（3）公民意识和职业道德的培养不容忽视。潍坊学院通过公民教育课程、模拟法庭及职业道德讲座，引导学生树立社会责任感，并培养他们的职业操守。该校的学生在社区服务项目中积极参与，展现了高度的社会责任感。

（4）面对未来的挑战，创新精神显得尤为重要。潍坊学院通过科研项目、学生科研助理计划和创新实验室等多种途径，鼓励学生勇于创新。近年来，学生参与科研项目的数量从12个增加到20个，充分展现了学校对学生创新能力的培养成效。

（5）身心健康始终是需要关注的重点。潍坊学院提供丰富的体育课程和心理健康辅导，确保学生在学习和工作中保持最佳状态。数据显示，该校的学生体质测试合格率持续保持在80%以上，心理健康状况优于同类院校的平均水平。

为实现上述素质结构目标，潍坊学院已建立一套完备的素质教育体系，该体系贯穿于课堂教学、实践活动及校园文化等多个层面。同时，该校与家长、社区及企业保持紧密合作，共同为学生打造一个全面发展的教育环境。通过这些努力，该校培养出了许多具备全面素质的应用型人才。

通过这些明确且切实可行的教育目标，应用型本科院校正致力于培养出高素质的应用型人才，他们不仅学识渊博，更具备高尚的道德品质、全面的文化素养、坚定的公民意识、严谨的职业道德、不懈的创新精神及健康的身心状态。

三、培养目标的动态调整机制

（一）行业发展趋势的跟踪与分析

行业发展的动态变化直接影响着人才培养的方向、内容和效果。只有紧密跟踪行业趋势，及时调整培养策略，才能确保所培养的人才与市场需求保持同步。

（1）行业发展趋势的跟踪涉及对国内外相关行业的持续关注。这包括了解行业的最新动态、技术进步、市场需求变化及竞争格局的演变等。通过收集行业报告、参加专业研讨会、与企业建立合作关系等方式，院校可以获取第一手资料，为人才培养提供有力的市场支撑。

（2）分析行业发展趋势是制订人才培养策略的关键环节。院校需要对收集到的信息进行深入剖析，识别出行业发展的主要趋势、潜在机遇和挑战。例如，随着数字化、智能化技术的快速发展，许多行业对人才的需求正在从传统的技能型向创新型、复合型转变。这就要求院校在人才培养中加强跨学科融合、提升学生的创新能力和问题解决能力。

（3）行业发展趋势的跟踪与分析还应包括对行业未来发展方向的预测。院校需要结合国家宏观政策、市场需求变化及技术发展趋势等因素，对行业的未来发展进行合理预测。这将有助于院校在人才培养中把握先机，提前布局新兴领域和关键技能的培养。

（4）行业发展趋势的跟踪与分析工作并不是一蹴而就的，而是一个持续循环的过程。院校应建立定期的行业趋势评估机制，并根据评估结果灵活调整教育目标和教学方法。同时，要高度重视与企业的互动交流，确保教育内容与实际行业需求的无缝对接。

潍坊学院根据行业动态调整人才培养策略的部分示例如表 4-6 所示。

表 4-6　潍坊学院根据行业动态调整人才培养策略的部分示例

调整方面	具体内容
课程设置	增设了数据分析和 AI 相关课程，以适应行业对数据分析能力的需求增长
实践教学	加强了与企业的实习合作，为学生提供更多实际操作机会，以提升学生解决实际问题的能力
师资队伍	聘请了多位具有丰富行业经验的专家作为客座教授，增强教学与实践的结合

通过表 4-6 中的一系列举措，确保所培养的人才能够紧密贴合市场的脉搏，不仅能够满足当前的市场需求，更能够预见并准备应对未来的行业变革。这不仅提升了学生的就业竞争力，也为他们未来的职业发展奠定了坚实的基础。紧密跟踪行业动态、深入分析行业发展趋势并合理预测未来方向，是确保教育质量和人才市场竞争力的关键所在。

（二）学生需求与反馈的收集和处理

首先，设立多种反馈渠道，如在线调查问卷、意见箱、定期座谈会等，确保学生能够方便地表达自己的需求和意见。其次，分类处理收集到的反馈，按照紧急程度、重要性、类别等进行分类，如学术支持、设施改善、心理健康、校园安全等。再次，定期对收集到的数据进行分析，识别出学生需求的共性和趋势，以及可能存在的问题和挑战。最后，建立跨部门协作机制，确保不同部门之间能够就学生的反馈进行有效沟通和协作，共同解决问题。对于紧急和重要的反馈，院校应设立快速响应机制,确保问题能够得到及时处理。

(三)培养目标的定期评估与修订

随着科技的日新月异和行业结构的持续演变,应用型人才的培养目标亟须不断更新,以契合社会的即时需求。2020—2022 年行业结构调整情况及潍坊学院人才培养目标修订重点如表 4-7 所示。

表 4-7　2020—2022 年行业结构调整情况及潍坊学院人才培养目标修订重点

年份	行业结构调整情况	人才培养目标修订重点
2020	数字化转型加速	强化数据分析与编程能力培养
2021	绿色环保政策推行	增设环境科学与工程相关课程
2022	AI 技术应用广泛	开设 AI 专业课程,提升学生 AI 应用能力

(1)对培养目标的定期评估至关重要。借助评估能够全面掌握当前培养计划的执行成效,涵盖课程设计的合理性、实践教学的有效性及学生能力是否达标。评估方法应多元化,如通过问卷调查收集学生反馈、邀请专家进行评审、获取用人单位的反馈,从而确保评估结果的客观性和全面性。

(2)评估完成后,紧接着是修订环节。在调整培养目标时,必须深思熟虑行业发展的最新动向、技术创新的走向,以及社会对新型人才的需求。例如,随着大数据和云计算的兴起,潍坊学院在修订中增加了相关课程和实践项目。同时,结合学生的具体状况与学校的教学资源,该校对培养目标进行了科学调整,如优化知识结构、提升能力框架及强化学生的综合素养。

(3)在修订过程中,院校还应注重与企业、行业协会等外部机构的沟通和合作。这些机构往往对行业动态有着更为敏锐的洞察力,他们的意见和建议对于修订培养目标具有重要的参考价值。通过深度合作,院校可以更加精准地把握社会对应用型人才的需求,从而制订出更具针对性和前瞻性的培养目标。

(4)培养目标的修订不是一蹴而就的,院校应建立长效的评估与修订机制,确保培养目标的动态调整与持续优化。这要求院校不仅要关注当前的行业需求,还要具备前瞻性的战略眼光,预见未来可能的发展趋势,为应用型人才的培养奠定坚实的基础。

通过定期评估、合理修订及与外部机构的紧密合作,院校可以确保培养目标始终与社会需求保持同步。

第三节　应用型本科院校人才培养标准及其作用

应用型本科院校在培养应用型人才时需明确具体的培养规格与标准。这些标准不仅包括专业知识与技能的掌握，还涉及对实践操作能力、创新思维能力及职业素养等多方面的要求。通过确立这些规格与标准，院校能够更有针对性地开展教育教学活动，确保所培养的人才符合社会需求，为行业和社会的发展贡献力量。

一、应用型本科院校人才培养标准

在应用型本科院校教育中，构建科学的人才培养标准至关重要。这一标准不仅涉及知识体系的完善，更强调能力培养与素质提升的重要性。通过确立明确的培养目标，制订合理的教学计划，以及实施有效的教学质量评估，确保所培养的人才既具备扎实的专业知识，又拥有良好的实践能力和综合素质。这样的人才培养标准旨在满足社会对高素质应用型人才的需求，推动学生全面发展，为学生未来的职业生涯奠定坚实基础。

（一）国家标准、行业标准与学校标准的融合

在应用型本科院校中，构建科学合理的人才培养标准至关重要。这不仅要符合国家教育政策的基本要求，还要紧密贴合行业发展的脉搏，同时展现学校的独特教育理念和优势。为实现这一目标，将国家标准、行业标准与学校标准三者融合成为关键。

（1）国家标准作为教育宏观指导的纲领，为人才培养设定了基本框架和方向。例如，教育部发布的《普通高等学校本科专业类教学质量国家标准》就明确规定了各专业类的培养目标、培养规格、课程体系等，为应用型本科院校提供了基本遵循。

（2）行业标准就像一把精准的尺子，丈量着行业对人才的具体需求。以 IT 行业为例，随着云计算、大数据等技术的兴起，行业标准也在不断演变，对人才的技能要求日益提高。这就要求应用型本科院校在人才培养过程中，必须紧密关注行业动态，及时调整教学内容和方式。

（3）学校标准是各校根据自身特色和资源制定的独特方案。例如，应用型本

科院校的计算机科学与技术专业结合了地方产业需求，强化了数据结构与算法、软件工程等核心课程的教学，并增设了与本地企业合作的实践课程，形成了独具特色的人才培养方案。

表 4-8 展示了国家标准、行业标准与学校标准三者之间的融合点。

表 4-8 国家标准、行业标准与学校标准三者之间的融合点

序号	融合层面	示例
1	培养目标	符合国家教育政策，满足行业发展需求，体现学校特色
2	课程体系	结合国家标准和行业趋势设置具有学校特色的课程
3	实践教学	与企业合作，共建实践基地，提供实际操作机会
4	教学评价	引入行业标准，结合学校定位制定综合评价体系

为将国家标准、行业标准、学校标准三者有效融合，学校需对行业趋势有深入洞察，同时立足本校实际，制定出既顺应国家标准，又符合行业需求，还能展现学校特色的人才培养标准。具体做法可以包括：与行业领军企业建立合作关系，共同研讨和制订人才培养方案；邀请业内专家参与课程设置和教学评估；定期安排学生到企业实习，确保毕业生具备行业所需的实际操作能力。通过这样的融合策略，应用型本科院校可以更有效地培养出既符合国家教育标准，又满足行业实际需求的高素质人才。

（二）知识、能力与素质三位一体的标准体系

在应用型本科院校教育中，坚持知识、能力与素质三位一体的标准体系，旨在培养具有全面素养的高水平应用型人才。以下是构建这一体系的详细阐述。

（1）知识体系。作为应用型人才成长的基石，知识体系不仅包括基础理论知识，还涵盖核心应用知识和行业前沿知识。通过建立科学合理的课程体系，确保学生扎实掌握专业基本知识。例如，潍坊学院计算机科学与技术专业，除了基础的计算机原理、操作系统等课程，还增设了大数据处理、云计算等前沿课程，确保学生所学知识紧跟行业发展。

（2）能力培养。通过实践教学、实习实训等方式能够全面提升学生的专业技能和实践能力。以潍坊学院机械工程专业为例，该校与多家企业合作，为学生提供实地操作和项目参与的机会，使他们在实践中深化理论知识，提升解决实际问题的能力。此外，潍坊学院还鼓励学生参与创新创业活动，培养学生的创新精神和团队协作能力。

（3）素质提升。除了专业知识和技能，还要注重学生综合素质的培养。通过思想政治教育、通识教育及丰富的校园文化建设活动，努力提升学生的职业道德、人文素养和身心健康水平。例如，潍坊学院定期开展"职业素养周"活动，邀请行业专家和校友分享职场经验，帮助学生建立良好的职业观和道德观。

表4-9更直观地展示了知识、能力与素质三位一体的标准体系的培养目标、具体内容与实施举措。

表4-9 知识、能力与素质三位一体的标准体系的培养目标、具体内容与实施举措

序号	培养目标	具体内容	实施举措
1	知识体系	基础理论知识、核心应用知识、前沿动态知识	建立科学合理的课程体系，紧跟行业发展动态更新课程内容
2	能力培养	专业技能、实践能力、创新精神、团队协作能力	实践教学、实习实训、创新创业活动
3	素质提升	职业道德、人文素养、身心健康、自我发展能力	思想政治教育、通识教育、校园文化建设

在知识、能力与素质三位一体的标准体系引领下，潍坊学院不断完善人才培养方案，创新人才培养模式，致力于为社会输送更多优秀的应用型人才。例如，该校毕业生在各行各业表现出色，多位校友已成为行业领军人物，充分证明了这一培养体系的实效性。

（三）标准实施的评价与反馈机制

标准实施的评价与反馈机制是应用型本科院校持续提升教育质量的关键环节。该机制通过定期评估人才培养标准的执行情况，多方收集反馈，并针对评估中发现的问题和反馈意见进行及时调整优化。

（1）在评价环节，院校需构建一套多元化的评价体系，涵盖学生、教师、用人单位及社会各个层面。评价来源、评价内容及评价方法示例如表4-10所示。

表4-10 评价来源、评价内容及评价方法示例

序号	评价来源	评价内容	评价方法
1	学生评价	教学内容、教学方法、教学效果	问卷调查、课堂反馈
2	教师评价	课程设置、教学资源、学生表现	教学日志、同行评审

续表

序号	评价来源	评价内容	评价方法
3	用人单位评价	毕业生知识、能力和素质	毕业生追踪调查、企业访谈
4	社会评价	人才培养质量	调查问卷、专家评审、社会声誉调查

（2）在反馈环节，院校必须确保反馈渠道的畅通，积极收集并响应来自各方的意见和建议。例如，可以设立在线反馈平台，定期举办座谈会，以及通过社交媒体等多种途径实时接收和处理反馈信息。院校不仅要对收集到的反馈进行深入分析，找出潜在问题，更要制订并实施针对性的改进措施。这些措施需及时传达至相关教学与管理部门，确保整改工作的透明与高效。

（3）为了保障评价与反馈机制的长效运行，院校还应建立配套的激励机制和问责机制。例如，可以设立"优秀教学评价奖"，鼓励师生积极参与并提供有价值的反馈。同时，对于评价结果不佳的部门，院校需进行问责并督促其改进，确保教育质量的持续提升。

通过这样一套评价与反馈机制，院校能够更有效地监控和优化人才培养过程，从而实现教育质量的不断提高。应用型本科院校在实施了该机制后，根据收集的反馈优化了课程设置，加强了实践教学环节，毕业生的就业率和用人单位的满意度均有了显著提升。这充分证明了评价与反馈机制在提升教育质量方面的重要作用。

二、建立应用型本科院校人才培养标准的作用

规格与标准在应用型人才培养中发挥着至关重要的作用。它们不仅为教学活动提供了明确的目标和方向，还是评估教育质量和学生能力的重要依据。通过设定具体的规格与标准，教育机构能够更有针对性地设计课程、选择教学方法，并确保学生的学习成果符合预期。同时，这些规格与标准也促进了教育的规范化和系统化，有助于提升整体教育水平。在应用型本科院校的语境下，明确的规格与标准更是培养具备实践能力和创新精神人才的关键。

（一）对教学改革的指导作用

明确的人才培养规格与标准如同教学改革的指南针，为优化教学流程指明了方向。这些规格与标准紧密结合当前和未来的行业需求，同时体现了国家、行业及学校的综合期望，从而确保了教学改革的目标明确和效果显著。在教学改革的

具体实践中,规格与标准发挥了多方面的指导作用,主要体现在以下几个方面。

(1)在教学内容上,规格与标准推动了课程设置和行业需求的高度契合。例如,在潍坊学院的软件工程专业,该校根据行业标准调整了课程体系,增设了与当前技术发展紧密相关的课程,如AI、大数据分析等,确保了学生所学与行业需求无缝对接。

(2)在教学方法上,规格与标准促进了创新教学模式的探索。潍坊学院引入了案例教学、项目驱动等实战性强的教学手段。例如,在电子商务专业,学生通过实际操作电商平台,提升了解决实际问题的能力,这一转变显著提高了学生的实践能力和创新意识。

(3)在教学评价上,规格与标准强调过程和结果的双重评价,更注重学生的全面发展。潍坊学院实施了综合素质评价体系,将学生的课堂表现、项目完成度、团队合作能力等多方面纳入考量,这种评价方式更全面地反映了学生的成长与进步。

(4)规格与标准还为教学改革的持续推进提供了动力。通过定期的评估与修订,学校可以及时发现教学改革中存在的问题和不足,进而调整优化教学策略,确保人才培养质量不断提升。这种动态调整机制不仅有助于学校适应行业发展的变化,还有助于学校形成自己的办学特色和优势。

(二)对学生发展的引领作用

在应用型本科院校中,明确的规格与标准不仅为教学改革指明了方向,更在学生个人成长的道路上起到了关键的指引作用。

(1)通过明确规格与标准,学生可以客观地评估自己在知识、能力和素质方面的发展水平。这为他们规划了清晰的发展路径,并帮助他们认清自己在哪些方面需要进一步提升。

(2)规格与标准激发了学生的发展动力。当学生意识到自己的表现与标准存在差距时,他们会产生强烈的提升欲望,从而更加积极地投入到学习和实践中去。这种自我驱动的发展动力是促进学生持续成长的关键因素。

(3)规格与标准为学生提供了丰富的发展资源。为了满足标准的要求,学校会提供相应的教学资源、实践机会和职业发展指导等,这些资源为学生的全面发展提供了有力的支持。

(4)规格与标准培养了学生的自我管理能力。在追求达到标准的过程中,学生需要学会制订学习计划、监控学习进度、调整学习策略等，这些自我管理的技能将对他们未来的学习和工作产生深远的影响。

规格与标准在应用型人才培养中对学生发展的引领作用是多方面的，它们不仅帮助学生认清自己、激发动力、获取资源，还培养了学生的自我管理能力。

（三）对学校办学水平的提升作用

规格与标准在应用型本科院校中发挥着举足轻重的作用，它们不仅为教学改革和学生发展提供了明确的方向，更在宏观层面上显著提升了院校的整体办学水平。这种提升具体展现在教学质量、师资力量、学校声誉和影响力及与社会需求的契合度等诸多层面。

（1）规格与标准明确界定了教学要求和目标，从而推动了教学质量的整体提高。表 4-11 所示为潍坊学院实施新规格与标准前后的教学质量对比数据。

表 4-11　潍坊学院实施新规格与标准前后的教学质量对比数据　　　　单位：%

序号	指标	实施前	实施后	提升幅度
1	学生满意度	85	95	10
2	毕业生就业率	90	97	7
3	用人单位满意度	88	96	8

院校根据这些规格与标准精心制订教学计划，并精准选择教学内容和方法，确保所有教学活动都紧密围绕既定的培养目标进行。这种以目标为导向的教学方式极大提高了教学质量，使学生更加贴合社会和行业对应用型人才的实际需求。

（2）规格与标准对师资队伍的建设提出了更为严苛的要求。为了满足这些要求，院校积极引进并悉心培养了一批具备丰富实践经验、深厚理论功底及出色教学能力的优秀教师。这种对师资的严格要求促使院校进一步加大了师资队伍的建设力度，从而全面提升了教师队伍的整体素质。

（3）规格与标准的实施有助于提升院校的声誉和影响力。当学校的应用型人才培养质量得到社会和行业的广泛认可时，学校的声誉和影响力也会随之提升。这种声誉和影响力的提升有助于学校吸引更多优质生源、师资和社会资源，进一步推动学校的整体发展。

（4）规格与标准使院校更加紧密地与社会需求相契合。通过跟踪行业发展趋势、收集学生需求与反馈及定期评估修订培养目标等动态调整机制,院校可以及时调整人才培养策略,确保所培养的人才始终符合社会和行业的需求。这种紧密契合社会需求的办学模式有助于院校形成自己的办学特色和优势。

规格与标准在应用型人才培养中对学校办学水平的提升作用是多方面的。通过推动教学质量提高、促进师资队伍建设、提升院校的声誉和影响力及使院校更加契合社会需求等途径,为院校的整体发展注入了新的活力和动力。因此,在应用型人才培养过程中,应充分重视规格与标准的建设和实施,不断完善和提高这些标准,以推动院校办学水平的持续提升。

第五章

应用型人才培养的课程体系

在应用型本科院校的人才培养体系中,课程体系构建是至关重要的环节。本章将深入探讨应用型人才培养的课程体系设计,旨在通过科学合理的课程设置全面提升学生的专业素养和实践能力;详细分析如何根据应用型人才的内涵与特征,以及行业需求,制订具有针对性的课程规划;探讨如何通过创新教学方法和手段,使课程体系更加贴合实际应用,从而为社会培养出更多具备专业技能和创新精神的应用型人才。

第一节 课程体系的构建原则与优化策略

课程体系的构建是应用型本科院校人才培养的核心环节。在构建过程中,应遵循需求导向与市场适应性、学科交叉与知识整合性、学生中心与个性发展性等原则,确保课程内容与社会需求紧密相连。同时,通过不断更新课程内容与教学方法、加强实践教学与能力培养、拓宽国际视野与跨文化交流等策略,提升课程体系的时效性和实用性,从而培养出更符合市场需求的应用型人才。

一、构建原则概述

在探讨应用型本科院校人才培养体系的构建时,首先需要明确课程体系的构建原则。这些原则是指导我们进行课程设计、教学方法选择及评价体系建立的基础。通过遵循这些原则,能够构建出一个既符合教育规律,又能满足社会需求的应用型本科院校人才培养体系。

(一)需求导向与市场适应性原则

在构建应用型人才培养的课程体系时,坚持需求导向与市场适应性原则,确保课程体系紧扣社会和市场的需求脉搏,培育出能够解决实际问题并灵活应对市场变化的高素质人才。

需求导向，即要求在设计课程体系时要深入洞察行业市场动态及发展趋势。例如，根据市场调研数据，如表5-1所示，发现市场对具备大数据分析能力的应用型人才需求激增。因此，在最新的课程设置中，潍坊学院加重了数据分析和机器学习等相关课程的比重。

表5-1　大数据时代能力需求分析表　　　　　　　　单位：%

序号	能力需求	2020年需求比例	2023年需求比例
1	数据分析能力	15	35
2	项目管理能力	20	25
3	沟通协调能力	25	20
4	技术专业知识	30	15
5	创新思维	10	5

市场适应性鞭策院校课程体系要保持灵活性和前瞻性。近年来，随着AI和云计算的兴起，院校及时更新课程内容，与领先科技企业合作，将最新的技术知识和实践项目引入课堂。例如，潍坊学院与当地一家知名AI企业合作，共同开发了一门"人工智能实践"课程，由企业工程师和学校教师联合授课，确保学生所学与市场所需无缝对接。

为了确保课程体系的动态完善，潍坊学院建立了一套反馈和调整机制。每个学期末都会收集学生和合作企业的反馈，对课程体系进行微调。同时，密切关注行业报告和技术创新动态，确保课程始终站在行业前沿。此外，为了提升学生的市场意识和职业素养，特意在课程体系中嵌入了市场分析、职业规划等课程模块。例如，在"职业规划与就业指导"课程中，学校邀请了多位行业专家和HR（Human Resources，人力资源）来分享他们的经验与见解，帮助学生更好地理解职业发展的路径和挑战，为他们的未来就业做好充分准备。

（二）学科交叉与知识整合性原则

在应用型本科院校的课程设计中，学科交叉与知识整合性成为一项至关重要的原则。这一原则着眼于不同学科间的交融与贯通，力求破除陈旧的学科壁垒，进而促进学生知识的全面整合与能力的显著提升。

在科技日新月异、社会不断进步的当下，我们面临的现实问题往往牵扯到多个学科领域。例如，在环保领域，处理工业废水就涉及化学、生物学、环境科学及工程学等多个学科。显然，仅凭单一学科的知识已难以应对这些错综复杂的挑战。因此，在应用型本科院校中，强调通过学科交叉与知识整合来培养学生。这种培养模式能使学生掌握更加广博而深入的知识，并提升他们运用多元化知识和方法解决实际问题的能力。

为了落实学科交叉与知识整合性原则，潍坊学院采取了多项具体措施。在课程设置方面，增加了跨学科课程，如"环境与可持续发展"这样的综合性课程，融合了环境科学、经济学、社会学等多个学科的内容。鼓励学生跨领域选课，以丰富他们的知识体系。在教学内容上，特别注重学科间的联系与整合。例如，在工程项目管理课程中，不仅会讲解项目管理的理论知识，还会引入机械工程、电子工程等实际案例，帮助学生理解不同学科知识在实际操作中的应用。教师也常采用案例教学、项目驱动等互动式教学方法，引导学生将所学知识融会贯通，解决实际问题。此外，建立了多个跨学科研究平台和实践基地。例如，该校的"智能制造实验室"就融合了机械工程、自动化、计算机科学等多个学科，为学生提供了一流的实践环境。当然，要实现学科交叉与知识整合，课程体系的开放性和弹性也至关重要。潍坊学院鼓励学生进行自主学习和终身学习，为此提供了丰富的学习资源和多样化的学习路径。例如，该校的在线课程平台就提供了从基础科学到应用技术的各类课程，满足了学生个性化的学习需求，为他们的成长提供了广阔的空间。

"智能物流系统设计"项目由机械工程、电子工程和计算机科学的学生共同完成，通过学科交叉与知识整合，他们成功设计出了一款高效的智能物流系统，该系统使物流效率提高了30%、人力成本降低了20%，为企业带来了显著的经济效益。这正是我们强调学科交叉与知识整合性原则所希望看到的结果。

（三）学生中心与个性发展性原则

学生中心与个性发展性强调课程体系的设计应以学生为中心，尊重学生的个性差异，促进学生的全面发展。

在应用型本科院校中，学生不仅是知识的接受者，更是实践与创新的核心参与者。因此，课程体系必须以学生为中心，深入挖掘他们的学习需求、兴趣和特点，从而提供丰富多样的学习资源与教学方式。这样一来，学生的学习热情和动力将被有效激发。

考虑到每个学生都是独一无二的，拥有各自的潜能和优势，课程体系的设计也需充分尊重并利用这种个性差异。例如，通过选修课程、拓展课程、实践项目等多种教学形式可以满足学生多元化的发展需求，进一步推动学生的个性化成长。

为了实现学生中心与个性发展性，课程体系构建者需要采取一系列措施。首先，在课程设计过程中，应广泛征求学生的意见和建议，了解学生的学习需求和期望。其次，在教学实施过程中，应注重学生的参与和互动，鼓励学生发表自己的观点和见解，培养学生的批判性思维和创新能力；应建立完善的学生评价体系，关注学生的学习过程和学习成果，为学生的个性化发展提供有力的支持。最后，学生中心与个性发展性的实现还要求课程体系展现足够的灵活性和开放性。同时，院校应积极与企业、行业合作，引入前沿的行业资源和项目，为学生提供更广阔的实践平台。

通过以学生为中心、尊重学生的个性差异、促进学生的全面发展等措施的实施，可以培养出更多具备创新精神和实践能力的应用型人才，为社会和行业的发展作出更大的贡献。同时，这也有助于提高学生的就业竞争力和未来职业发展的可持续性。

二、优化策略分析

本部分将深入探讨应用型本科院校人才培养的优化策略。在课程内容与教学方法方面，更新课程内容以反映行业最新趋势，并强化以实践为导向的教学方法，如案例分析、项目驱动学习，以及采用翻转课堂等互动式教学模式，增强学生的批判性思维和解决问题的能力。在实践教学与能力培养方面，加强与企业的合作，提供实习实训机会，让学生在真实工作环境中学习和应用知识。在国际视野与跨文化交流方面，鼓励学生参与国际交流项目，学习国际先进的教育和实践经验。通过多元化的校园文化活动，促进不同文化背景的学生之间的交流与理解，拓宽学生的国际视野。这些优化策略的分析与实施，旨在提高应用型本科院校的教学质量，培养出更多适应社会需求和行业发展的高素质应用型人才。

（一）更新课程内容与教学方法

随着科技的飞速发展和社会的不断进步，传统的教学内容和方法已经难以适应新时代的需求。因此，为了培养出更多具备创新精神和实践能力的应用型人才，院校必须对课程内容和教学方法进行及时的更新与改革。

（1）课程内容的更新是应用型人才培养的基础。在构建课程体系时，应紧密关注行业动态和技术发展趋势，及时将最新的知识、技术和成果引入课堂。通过更新课程内容，学生可以接触到前沿的科技知识和最新的行业动态，从而拓宽视野，增强对未来职业发展的适应能力。同时，课程内容的更新还应注重与实际应用相结合，突出实践性和应用性，让学生在学习过程中就能掌握解决实际问题的能力。这样的更新能使学生接触到前沿的科技知识和行业动态，不仅拓宽了他们的视野，也提高了他们对未来职业发展的适应能力。

（2）教学方法的改革对于提升应用型人才培养质量同样重要。传统的教学方法，如灌输式教学，已无法满足现代教育的需求。因此，需要院校积极探索启发式、讨论式、案例式等多样化的教学方法，以激发学生的学习兴趣和积极性。例如，在市场营销课程中，潍坊学院引入真实的商业案例，让学生通过小组讨论和分析提出解决方案，从而培养学生的创新思维和问题解决能力。

（3）充分利用现代信息技术手段，如在线课程、虚拟仿真等，为学生提供更为丰富多样的学习资源和交互方式。这不仅增强了学生的学习体验，也有效提高了教学效果。

在实施课程内容和教学方法的更新策略时，同样要重视教师的培训和发展。作为课程内容和教学方法的实施者，教师的素质和能力对应用型人才培养质量具有直接影响。因此，需要为教师提供定期的培训和支持，以提升他们的专业素养和教学能力，确保他们能够更好地实施更新后的课程内容和教学方法。这些举措为培养高质量的应用型人才提供了有力保障。

（二）加强实践教学与能力培养

实践教学在应用型本科院校中具有举足轻重的地位，它不仅是巩固和深化理论知识的关键环节，更是培育学生创新意识和实际操作能力的核心手段。为了切实提高应用型人才培养质量，必须进一步强化实践教学，聚焦于学生综合能力的培养。

（1）要加强实践教学的地位和作用。在传统的教学模式中，实践教学往往被忽视或被视为理论教学的附属品。然而，在应用型人才培养中，实践教学应与理论教学并重，甚至在某些专业领域中，实践教学的地位应更加突出。通过实践教学，学生可以亲身参与实际操作，将理论知识与实际应用相结合，从而更好地理解和掌握所学知识。

（2）实践教学的形式和内容需要更丰富与多元。除了传统的实验和实习，还应结合专业特性和市场需求，设计出更多创新型的实践教学项目。例如，针对市场营销专业的学生，可以组织市场调研、品牌策划等实践活动；针对计算机科学与技术专业的学生，可以开展软件开发、网络安全等实际项目操作。

（3）学生综合能力的培养是实践教学的核心目标。在实践教学中，不仅要关注学生的技术操作能力，还要注重培养学生的问题解决能力、团队协作能力及创新思维。例如，通过组织学生参与跨学科的创新项目可以锻炼他们的团队协作能力和创新能力。

（4）要加强实践教学的管理与评价。实践教学的管理与评价是保障实践教学质量的重要手段。院校应建立完善的实践教学管理体系和评价机制，对实践教学的过程和质量进行有效的监控与评估。同时，还应注重实践教学与理论教学的衔接和配合，确保实践教学的有效性和连贯性。

（三）拓宽国际视野与跨文化交流

为了培养出具有国际竞争力的高素质人才，院校必须注重拓宽学生的国际视野，加强跨文化交流能力的培养。

（1）拓宽国际视野意味着让学生接触和了解不同国家、不同文化背景下的知识、观念及思维方式。这有助于学生打破思维定式，以更加开放和包容的心态看待世界，从而更好地适应全球化的发展趋势。为了实现这一目标，可以通过引入国际化课程、聘请外籍教师、开展国际合作与交流项目等方式，为学生提供多元化的学习资源和国际化的教育环境。

（2）加强跨文化交流能力的培养是提升学生综合素质的重要途径。在跨文化交流中，学生需要掌握外语沟通能力、文化理解能力、跨文化适应能力等多方面的技能。因此，在课程体系中，应注重外语课程的设置，提高学生的外语水平；同时，还应开设跨文化沟通、国际文化与礼仪等课程，培养学生的文化敏感性和跨文化交际能力。此外，院校还可以通过组织国际文化节、模拟联合国等活动，为学生提供实践跨文化交流的平台。

（3）拓宽国际视野与跨文化交流还有助于提升学生的创新能力。在全球化背景下，创新往往需要在多元文化的交融中产生。通过接触不同文化背景下的知识和观念，学生可以生发新的灵感和创意，为未来的创新创业活动奠定基础。同时，跨文化交流能力也是创业过程中不可或缺的一部分。具备良好跨文化交流能力的创业者能够更好地与国际合作伙伴沟通合作，拓展国际市场。

（4）为了保障拓宽国际视野与跨文化交流策略的有效实施，院校应建立完善的支持体系。这包括提供充足的经费支持、建立稳定的国际合作与交流渠道、完善相关管理制度等。同时，院校还应加强对教师的培训和支持，提高他们的国际化素养和教学能力，为培养具有国际视野和跨文化交流能力的学生提供有力的师资保障。

第二节　理论与实践相结合的课程设计

在应用型本科院校的人才培养中，课程设计是关键环节。本节探讨如何将理论与实践相结合，设计出既符合行业需求又注重学生实际操作能力的课程。通过案例分析、项目驱动等教学方法，使学生在掌握理论知识的同时，培养其实践能力和创新思维，为应用型人才的培养奠定坚实基础。

一、理论课程的设计思路

（一）基础理论课程的夯实与创新

基础理论课程的夯实与创新不仅是学生构建知识体系的基石，也是培养学生创新思维和解决实际问题能力的基础。因此，夯实基础理论课程并推动其创新对于提升应用型人才培养质量具有重要意义。

（1）夯实基础理论课程是确保学生掌握扎实基本功的关键。基础理论课程通常包括数学、物理、化学、计算机等自然科学及社会科学领域的基础知识。这些知识是学生后续学习专业课程的基石，也是他们未来从事相关领域工作的必备工具。因此，在课程设计过程中，必须注重基础理论课程的系统性和完整性，确保学生能够全面、深入地掌握相关知识。基础理论课程设计示例如表 5-2 所示。

表 5-2　基础理论课程设计示例

序号	课程类别	主要内容	学时安排
1	数学	高等数学、线性代数、概率论与数理统计	120 学时
2	物理	大学物理（力学、电磁学、光学等）	80 学时
3	计算机基础	计算机导论、编程基础、数据结构	100 学时

（2）推动基础理论课程的创新是提升学生综合素质的重要途径。随着科技的不断进步和社会的快速发展，传统的基础理论课程已经难以满足新时代的需求。因此，需要对基础理论课程进行创新，引入新的教学理念、方法和手段，激发学生的学习兴趣和积极性。例如，可以通过引入案例教学、项目驱动等教学方法，将理论知识与实际应用相结合，培养学生的问题解决能力和创新思维。同时，还可以利用信息技术手段，如在线课程、虚拟仿真等，为学生提供更加丰富多样的学习资源和交互方式。

（3）在夯实与创新基础理论课程的过程中，还需要考虑以下几个方面：一是要关注学生的个性化需求和发展，为他们提供多样化的学习路径和选择空间；二是要加强和行业的联系与合作，及时了解行业发展趋势和人才需求，为基础理论课程的更新与优化提供有力支持；三是要注重教师的培训与发展，提升他们的专业素养和教学能力，为基础理论课程的实施提供有力保障。

通过注重系统性和完整性、引入新的教学理念和方法、关注学生的个性化需求和发展、加强和行业的联系与合作、注重教师的培训与发展等措施，可以培养出更多具备扎实基本功和创新思维的应用型人才。

（二）专业理论课程的深化与拓展

在应用型本科院校中，专业理论课程是搭建学生基础知识与职业发展之间的桥梁。它不仅能够帮助学生深入认识特定专业领域，还是提升学生未来职场竞争力的重要基石。因此，对专业理论课程的深化与拓展，对于塑造高素质的应用型人才具有不可或缺的作用。

（1）深化专业理论课程意味着需要对专业知识进行更深入的剖析。在课程设计环节，既要确保知识的系统性和全面性，又要追求知识的深度和广度。例如，可以通过结合经典理论与前沿研究，以及实际的专业案例，引导学生进行深入的探索与思考。具体课程设计示例如表 5-3 所示。

表 5-3　具体课程设计示例

序号	课程内容	教学方法	学习目标
1	经典理论解读	讲授与研讨	理解专业基础
2	前沿研究成果分享	小组研讨	拓展专业视野
3	专业案例分析	案例教学	应用知识解决实际问题

(2)拓展专业理论课程要求打破学科壁垒,实现跨学科的知识融合。随着科技的快速发展和社会的不断进步,单一学科的知识已经难以满足复杂多变的实际问题。因此,需要将专业理论课程与相关领域的知识进行有机结合,培养学生的综合素养和创新能力。例如,可以通过开设跨学科课程、组织跨学科研究项目等方式引导学生跨越传统学科界限,探索新的学术领域和应用场景。此外,跨学科的知识融合在现代教育中愈发重要。潍坊学院尝试将专业理论与相关领域结合。例如,在计算机科学与工程课程中融入数学和物理学的元素,培养学生的综合素养。

在深化与拓展的过程中,还需特别关注学生的个性化需求、与产业的紧密联系及教学方法的创新。例如,可以通过与当地高新技术企业合作,及时了解行业需求,调整课程内容。同时,引入项目驱动教学法,使学生在实际操作中学习和成长。教师在深化与拓展的过程中扮演着关键角色。他们不仅是知识的传递者,更是学生学术探索的引路人。因此,院校需要定期为教师提供培训与发展机会,如鼓励教师参加行业研讨会和企业实践,确保他们始终与行业前沿保持同步,为学生提供最新的知识和实践机会。这样,专业理论课程才能真正与时俱进,培养出符合社会需求的高素质应用型人才。

(三)跨学科理论课程的整合与优化

在应用型人才培养的课程体系中,跨学科理论课程的整合与优化是一项重要任务。整合不同学科领域的知识和方法,优化跨学科理论课程,对于培养具有综合素养和创新能力的应用型人才具有重要意义。

(1)跨学科理论课程的整合是指将不同学科领域的知识、理论和方法进行有机融合,形成新的课程体系。这种整合不是简单的叠加或拼凑,而是要在深入理解各学科内在联系的基础上,打破学科壁垒,实现知识的交叉融合。通过整合,学生可以从多个角度、多个层面去认识和理解问题,培养综合素养和解决问题的能力。

(2)优化跨学科理论课程需要从课程内容、教学方法和评价体系等方面入手。在课程内容上,应注重选择具有代表性、前沿性和实用性的跨学科主题,确保课程内容既包含基础理论知识,又涉及实际应用和前沿动态。在教学方法上,应采用灵活多样的教学方式,如案例分析、小组讨论、项目驱动等,激发学生的学习兴趣和积极性,培养他们的自主学习能力和创新思维。在评价体系上,应注重过程评价和结果评价的有机结合，既要关注学生的知识掌握情况，又要关注他们的能力提升和创新表现。

（3）在整合与优化跨学科理论课程的过程中，还需要注意以下几个方面：一是要加强师资队伍建设，培养一支具有跨学科背景和丰富教学经验的教师队伍；二是要加强与产业界的联系和合作，及时了解行业发展趋势和人才需求，为跨学科理论课程的更新与优化提供有力支持；三是要注重学生的个性化需求和发展，为他们提供多样化的学习路径和选择空间。

（4）跨学科理论课程的整合与优化还需要建立相应的机制和平台。例如，可以成立跨学科教学团队或研究中心，负责跨学科课程的开发、实施和管理；可以建立跨学科课程资源共享平台，实现课程资源的共享和优势互补；可以开展跨学科学术交流和合作活动，促进不同学科领域之间的交流与融合。

跨学科理论课程的整合与优化是应用型人才培养课程体系中的重要一环。通过融合不同学科知识、理论和方法，优化课程内容、教学方法和评价体系等措施，可以培养出更多具备综合素养和创新能力的应用型人才。同时，这也需要教育机构和教师们的共同努力和探索，不断完善和更新课程体系，以适应时代的需求和发展。

二、实践课程的设计与实施

（一）校内实践教学平台的搭建与利用

校内实践教学平台在提升学生的实践能力和职业素养方面扮演着举足轻重的角色。

（1）以学生的实践需求为核心，结合专业特色与课程要求，精心打造多样化的实践教学平台。例如，某高校建立了10个专业实验室、3个实训中心及2个创新创业基地，累计投入1000万元。这些设施不仅覆盖了基础实验教学，还延伸至综合实训和创新创业活动，确保了学生能在全方位的实践环境中锤炼技能。

（2）在平台的利用上，坚持实效性和创新性并重。通过制订详尽的实践教学计划，明确每项实践活动的目标、内容和方法，实现理论教学与实践操作的深度融合。同时，鼓励教师采用项目驱动、案例分析等创新教学方法，提升学生的学习热情和参与度。数据显示，潍坊学院的实践教学设施使用率普遍达到80%以上。

（3）校内实践教学平台的搭建与利用还需要加强和企业、行业的合作与交流。通过引入企业真实项目、邀请企业专家参与实践教学和共建实验室等方式，可以让学生更加深入地了解行业发展趋势和企业实际需求，提升他们的职业素养和适应能力。同时，这种合作模式还可以促进学校与企业的互利共赢，推动产学研的深度融合。

（4）在搭建与利用校内实践教学平台的过程中，还需要注意以下几个方面：一是要加强平台的管理与维护，确保设备的正常运行和资源的有效利用；二是要加强师资队伍建设，培养一支既具备理论知识又具备实践经验的教师队伍；三是要建立完善的实践教学评价体系，对实践活动的过程和结果进行全面、客观的评价，以便及时发现问题并进行改进。

通过以学生的实践需求为核心，坚持实效性和创新性并重，加强和企业、行业的合作与交流等措施的实施，可以为学生提供更加优质、高效的实践教学环境和服务，为他们的全面发展和未来职业生涯奠定坚实的基础。

（二）校外实习实训基地的选择与合作

校外实习实训基地对于应用型本科院校的人才培养至关重要，主要体现在以下几个方面。

（1）在选择校外实习实训基地时，首要坚持的是需求导向，紧密结合各专业的特性和学校的教育目标。潍坊学院深入考察了多个基地，对其行业背景、企业规模、技术实力等进行了细致的分析。例如，在选择软件开发实习基地时，该校重点考察了基地是否具备最新的开发技术和项目管理经验，确保学生能在实习过程中接触到前沿技术。

（2）合作关系的稳固是实习实训基地成功的关键。潍坊学院与多家知名企业建立了长期合作关系，共同制订了详尽的实习计划，并为学生配备了经验丰富的指导教师。这种合作模式不仅为学生提供了实际操作的机会，还促进了学校与企业的资源共享。

（3）在实习过程中，实施严格的管理和指导制度。以2022年为例，潍坊学院共派出了200名学生到各个基地实习，期间每个学生都得到了专业导师的悉心指导。实习结束后，该校与基地共同对学生的表现进行了评价，其中90%的学生获得了优秀或良好的评价。

（4）校外实习实训基地的选择与合作还需要注意以下几个方面：一是要注重基地的可持续性发展，确保其能够长期稳定地为学生提供实习实训机会；二是要加强对学生的安全教育和管理，确保他们的人身安全和合法权益；三是要建立有效的信息反馈机制，及时了解学生的实习实训情况和基地的运行状况，以便及时调整合作策略。

通过坚持需求导向、建立稳固的合作关系、实施严格的管理和指导制度等措施，可以为学生提供更加优质、高效的实习实训环境和服务，为他们的全面发展和未来职业生涯奠定坚实的基础。

（三）产学研结合的实践教学模式

在应用型本科院校中，产学研结合的实践教学模式已成为一种创新且富有成效的教学方法。该模式深度融合产业、学术和研究，旨在全方位提升学生的实践能力、创新能力和职业素养。通过集结学校、企业和研究机构的资源，构建一个以实践为核心的教学环境。

（1）产学研结合的实践教学模式强调学校与企业的深度合作。学校可以与企业共同制订实践教学计划，确保教学内容与行业需求紧密相连。企业可以提供真实的项目案例和实践平台，使学生有机会亲身参与实际工作，了解行业发展趋势和前沿技术。这种合作模式不仅有助于提升学生的职业素养和实践能力，还能促进学校与企业之间的知识交流和资源共享。

（2）在产学研结合的实践教学模式下，实践教学与理论教学相互补充，形成有机的整体。通过理论课程的学习，学生可以掌握基本的专业知识和方法；而通过实践教学，学生可以将所学知识应用于实际项目中，加深对理论知识的理解和记忆。这种理论与实践相结合的教学方式有助于培养学生的创新思维和解决问题的能力。

（3）产学研结合的实践教学模式还注重培养学生的团队协作精神和沟通能力。在实践项目中，学生需要与团队成员紧密合作，共同完成任务。这不仅可以锻炼学生的组织协调能力，还能培养他们的团队合作精神和人际交往能力。这些能力对于学生未来的职业发展和个人成长都具有重要意义。

（4）为了保障产学研结合的实践教学模式的有效实施，需要建立相应的机制和平台。例如，可以成立由学校、企业和研究机构组成的实践教学指导委员会，负责实践教学的规划、实施和管理。同时，还可以建立实践教学资源共享平台，实现学校与企业之间的资源共享和优势互补。此外，还可以通过定期举办实践教学研讨会、企业参观交流等活动，加强学校与企业之间的沟通和联系。

通过学校与企业的深度合作、理论教学与实践教学的有机结合及团队协作精神和沟通能力的培养等措施，可以为学生提供更加优质、高效的实践教学环境和服务，为他们的全面发展和未来职业生涯奠定坚实的基础。同时，这也需要教育机构、企业和政府等各方面的共同努力和支持，共同推动产学研结合的实践教学模式的发展与完善。

第三节　课程体系中的创新创业元素

在应用型本科院校的课程体系中，创新创业元素是不可或缺的一部分。院校融入创新思维和创业实践的课程，旨在培养学生的创新意识和创业能力。这些元素不仅有助于学生拓宽视野、增强实践能力，更为他们未来在职场或创业道路上提供了有力支持，促进了人才培养与社会需求的紧密结合。

一、创新创业教育的融入方式

在当前的高等教育体系中，创新创业教育的融入已经成为培养学生综合素质和创新能力的重要手段。针对"创新创业教育的融入方式"这一议题，应用型本科院校正积极探索将创新创业教育贯穿学生的整个学习过程中。这包括但不限于在课程设置中增加创新创业相关的理论和实践课程，通过项目式学习，让学生亲身体验创业的全过程，以及邀请行业专家和创业者进校园进行讲座与指导，从而为学生提供真实、生动的创业案例和实践经验。此外，院校还鼓励学生参与各类创新创业竞赛，不仅锻炼了学生的实践能力，也为他们提供了展示自我和实现创业梦想的平台。通过这些多元化的融入方式，院校旨在培养学生的创新意识、创业精神和团队协作能力，为他们未来的职业发展和社会贡献打下坚实的基础。

（一）创新创业课程的开发与设置

（1）创新创业课程的开发应紧密结合行业发展趋势和市场需求。通过深入调研和分析，了解当前及未来一段时间内社会对创新创业人才的需求，以及行业发展的热点和趋势，从而确定课程的目标和内容。同时，课程开发还应充分考虑学生的专业背景、兴趣爱好和个性特点，确保课程内容既具有针对性，又能激发学生的学习兴趣和积极性。

（2）创新创业课程的设置应注重理论与实践的有机结合。理论课程应涵盖创新创业的基本概念、原理和方法，使学生掌握创新创业的基本知识和理论体系。实践课程则应以项目为驱动，通过模拟创业、创业实训等方式，让学生在实践中体验创业的全过程，培养解决实际问题的能力。此外，还可以邀请成功创业者、企业家等担任课程讲师或导师，分享他们的创业经验和教训，为学生提供更加真实、生动的创业教育。

（3）在创新创业课程的实施过程中，还应注重教学方法的创新和教学手段的现代化。可以采用案例分析、小组讨论、角色扮演等多样化的教学方法，引导学生主动思考、积极参与课堂讨论。同时，利用信息技术手段如在线课程、虚拟仿真等，打破时间和空间的限制，为学生提供更加便捷、高效的学习体验。

（4）创新创业课程的开发与设置还需要建立完善的评价体系和反馈机制。通过对学生的学习成果、实践表现等进行全面、客观的评价，及时发现问题并进行改进。同时，收集学生、教师、企业等多方面的反馈意见，不断优化课程内容和教学方法，确保创新创业课程的质量和效果。

开发与设置符合时代需求和学生特点的创新创业课程是应用型人才培养课程体系中的重要任务。通过紧密结合行业发展趋势和市场需求、注重理论与实践的有机结合、注重教学方法的创新和教学手段的现代化，以及建立完善的评价体系和反馈机制等措施，可以为学生提供更加优质、高效的创新创业教育。同时，这也需要教育机构、企业和政府等各方面的共同努力和支持，共同推动创新创业教育的深入发展。

（二）创新创业实践活动的设计与组织

在设计与组织创新创业实践活动时，首先要明确活动的核心目标与定位。这些活动旨在培养学生的创新创业思维、团队协作能力、市场洞察力和问题解决能力。根据实践经验设计的活动框架示例如表5-4所示。

表 5-4 根据实践经验设计的活动框架示例

序号	活动目标	实施方案
1	培养创新创业精神	通过创新创业大赛，激发学生的创新思维和创业热情
2	增强团队协作能力	组织模拟创业项目，让学生在团队中扮演不同角色，学会协同工作
3	锻炼市场洞察力	安排企业实地考察，让学生了解市场动态和商业模式
4	提升问题解决能力	设立创业沙龙，邀请行业专家分享经验，指导学生解决实际问题

（1）细化创新创业实践活动内容，确保每项任务都紧扣目标，使学生在每次参与中都能获得成长。

（2）为了提供更丰富的实践机会，可以设计多样化的活动内容。例如，针对不同年级和专业背景的学生，差异化地策划创新创业大赛、模拟创业项目、企业实地考察及创业沙龙等活动。这些活动形式各异，旨在满足各类学生的需求。

（3）重视导师团队的建设。例如，邀请多位具有丰富创业经验的企业家、投资人和行业专家担任导师。他们的专业指导和宝贵建议能够极大地提升学生的实践效果，并帮助学生拓展社交网络，为学生未来创业之路做好铺垫。

（4）在实施过程中，还需关注活动的持续性与延伸性。创新创业实践不应仅仅局限于一次性的活动，而应通过建立长期的实践平台、持续的项目跟踪与指导等方式使活动的影响力得以延续。这样不仅可以为学生的创新创业之路提供持续的支持与帮助，还能在校园内形成良好的创新创业氛围。

设计与组织创新创业实践活动是一项系统而复杂的工作，需要教育者用心策划、精心组织。通过明确活动目标、设计多样化的活动内容、建立专业的导师团队及关注活动的持续性与延伸性等措施，可以为学生打造一个富有成效的创新创业实践平台，助力他们在未来的创业道路上取得成功。

（三）创新创业文化氛围的营造与传播

积极、健康的创新创业文化氛围能够潜移默化地影响学生的价值观念和行为模式，使他们更加关注创新创业，更愿意投身于这一领域。为了营造创新创业文化氛围，教育机构可以采取以下多种措施。

（1）通过举办创新创业讲座、论坛、研讨会等活动，邀请成功创业者、企业家、投资人等分享他们的创业经历和成功经验，激发学生的创业热情。这些活动不仅能为学生提供与创业者面对面交流的机会，还能让他们了解创业的最新动态和趋势。

（2）院校可以设立创新创业社团或组织，鼓励学生自主发起和管理创新创业项目。这些社团或组织可以成为学生交流创业想法、寻找合作伙伴、开展创业实践的平台，进一步培养学生的团队协作能力和创新思维。

（3）院校还可以通过校园媒体、网络平台等渠道，广泛宣传创新创业政策、成果和典型事迹，提高学生对创新创业的认知度和参与度。同时，加强与校外媒体的合作，将学校的创新创业活动和成果推向社会，提升学校的社会影响力。

（4）在传播创新创业文化氛围方面，院校应注重线上线下的有机结合。线上方面，可以利用官方网站、社交媒体等平台，发布创新创业相关信息，展示学生的创业成果和风采；线下方面，可以通过举办展览、路演等活动，让更多的人了解和关注学生的创新创业项目。

（5）院校还应加强与政府、企业等外部机构的合作和交流，共同推动创新创业文化氛围的营造与传播。例如，可以与政府部门合作举办创业政策宣讲会，为学生提供政策指导和支持；与企业合作开展实习实训、项目合作等活动，使学生更深入地了解市场需求和行业动态。

通过举办活动、设立社团或组织、加强宣传与合作等多种措施，可以为学生打造充满创新创业气息的校园环境，激发他们的创新精神和创业意识，为培养高素质的应用型人才提供有力支持。

二、课程体系对创新创业能力的培养

在应用型本科院校的教育体系中，课程体系的设计与实施对于创新创业能力的培养至关重要。一个科学、完善的课程体系不仅能够提供学生所需的基础知识和专业技能，更能够激发他们的创新思维和创业精神。通过设置一系列与创新创业紧密相关的课程，如创业基础、创新思维与方法等，学校能够系统地培养学生的创新意识和创业能力。这些课程往往结合理论与实践，注重案例分析和实战演练，让学生在模拟的商业环境中体验创业的全过程。此外，课程体系还包括实践环节，如企业实习、创业项目等，这些实践活动使学生有机会亲身参与创新创业，从而更深入地理解市场需求，提升解决问题的能力。综上所述，课程体系是应用型本科院校培养创新创业人才的核心组成部分，它通过系统的理论教学和实践训练，为学生的创新创业之路奠定坚实基础。

(一) 创新思维和创业精神的激发与塑造

创新思维和创业精神的激发与塑造不仅关系到学生个人的职业发展，还对社会经济的进步和创新型国家的建设具有深远影响。因此，教育机构需要采取一系列措施，有效地激发学生的创新思维，并培养他们的创业精神。

(1) 创新思维的激发需要从课程设置入手。课程应打破传统学科界限，鼓励学生跨学科学习，通过接触不同领域的知识和方法，培养多元化的思维模式。同时，课程内容应注重问题导向，以实际问题为引领，让学生在解决问题的过程中锻炼创新思维。此外，引入创新案例、开展创新实验、组织创新竞赛等活动也是激发学生创新思维的有效途径。

(2) 创业精神的塑造需要关注学生的内在动机和外在环境。在内在动机方面，院校应通过创业教育课程、讲座、研讨会等形式，帮助学生了解创业的价值和意义，激发学生的创业热情。同时，邀请成功创业者分享经验，让学生感受到创业的可能性和吸引力。在外在环境方面，院校应营造鼓励创新、宽容失败的文化氛围，为学生提供创业实践的平台和资源，如创业孵化器、创业基金等，降低创业门槛，增加创业机会。

(3) 实践平台搭建是激发创新思维和塑造创业精神的重要途径。院校应加强与企业的合作，建立实习实训基地，让学生在真实的工作环境中体验和学习。通过参与企业项目、解决实际问题，学生可以更加直观地了解市场需求和行业动态，培养敏锐的市场洞察力和创新精神。同时，院校还可以组织创业实践活动，如创业计划大赛、模拟创业等，让学生在实践中锻炼创新思维和创业能力。

(4) 评价体系改革也是激发创新思维和塑造创业精神的重要保障。传统的以考试成绩为主的评价体系已经无法满足现代教育的需求。院校应建立多元化的评价体系，注重过程评价和能力评价，鼓励学生展现个性和创新。同时，引入企业和社会评价，让学生的作品和成果接受市场的检验与评价，进一步激发学生的创新动力和创业精神。

创新思维和创业精神的激发与塑造是一个系统工程，需要教育机构从课程设置、学生的内在动机和外在环境、实践平台搭建和评价体系改革等多个方面入手。

（二）创业知识和技能的系统学习与训练

进行创业知识和技能的系统学习与训练，不仅是因为创业需要一定的知识和技能储备，更因为系统的学习与训练能够帮助学生更好地应对创业过程中的挑战，提高创业成功率。

（1）创业知识的学习需要全面而深入。这包括了解创业的基本概念、原理和方法，掌握市场分析、商业模式设计、财务规划等关键技能。因此，教育机构应设置专门的创业课程，由经验丰富的教师授课，确保学生能够获得高质量的创业教育。同时，课程内容应紧跟创业领域的最新动态和趋势，及时引入新的理念和技术，让学生始终保持对创业的热情和好奇心。

（2）创业技能的训练需要注重实践和应用。单纯的理论学习不足以让学生掌握真正的创业技能，因此，教育机构应提供丰富的实践机会，让学生在实践中锻炼和提升自己的技能。这可以通过组织创业实训、模拟创业、企业实习等方式实现。在这些实践活动中，学生可以将所学知识应用于实际情境中，通过解决问题、团队合作、沟通交流等方式，逐渐掌握创业所需的各项技能。

（3）创业教育与专业教育的融合也是提高创业知识和技能学习效果的重要途径。创业不是一种独立的活动，它只有与专业知识相结合，才能更好地发挥作用。因此，教育机构应鼓励学生将创业理念融入专业学习中，通过跨学科的学习和研究，发现新的创业机会和方向。同时，专业教师也应在课程中引入创业元素，引导学生从专业的角度思考创业问题，培养他们的专业素养和创业能力。

（4）持续的学习与反馈机制是确保创业知识与技能不断提升的关键。创业是一个不断变化的过程，新的理念和技术层出不穷。因此，教育机构应建立持续的学习与反馈机制，鼓励学生不断学习和更新自己的知识与技能。这可以通过定期举办创业讲座、研讨会、工作坊等活动实现，也可以通过与企业合作，为学生提供持续的实习和实践机会。同时，教育机构还应建立有效的反馈机制，及时了解学生的学习情况和需求，对课程体系进行持续改进和优化。

创业知识和技能的系统学习与训练不是一蹴而就的，需要持续的学习与实践，教育机构应鼓励创业教育与专业教育融合，并建立持续学习与反馈机制。

（三）创新创业实践和成果转化的支持与保障

（1）院校应建立完善的创新创业实践平台。这包括校内外的实践基地、实验室、孵化器等，为学生提供从创意到产品、从理论到实践的全方位支持。这些平台应配备先进的设备和工具，满足学生在创新创业过程中的各种需求。同时，学校还应与企业、行业等外部机构建立紧密合作关系，共同打造实践平台，为学生提供更多真实的、具有挑战性的实践机会。

（2）院校应提供丰富的创新创业资源。这包括资金、技术、人才、信息等各方面的支持。院校可以设立创新创业基金，为学生提供创业启动资金和风险投资；建立技术转移中心，推动学校科研成果的转化和应用；邀请企业家、投资人等担任创业导师，为学生提供指导和建议；建立创新创业信息服务平台，提供市场动态、政策法规等信息服务。

（3）院校还应建立完善的成果转化机制。这包括成果评估、知识产权保护、市场推广等方面的工作。院校应建立专业的成果评估团队，对学生的创新创业成果进行科学评估和价值判断；加强知识产权保护工作，确保学生的创新成果得到合法权益保护；积极组织市场推广活动，帮助学生将成果推向市场，实现商业价值。

（4）院校应提供全方位的创新创业教育和培训。这包括创新创业理论课程、实践课程、专题讲座、工作坊等多种形式的教育和培训活动。通过这些活动，学生可以系统地学习创新创业知识和技能，提高创新创业能力和素质。此外，院校还可以邀请成功创业者分享经验、组织创业竞赛等活动，激发学生的创新创业热情和动力。

（5）院校应建立完善的创新创业服务体系。这包括项目孵化、法律咨询、财务规划、市场推广等各方面的服务。院校可以设立专门的孵化机构，为处于初创期的项目提供全方位的支持和帮助；建立法律咨询服务团队，为学生提供法律方面的指导和建议；提供财务规划服务，帮助学生合理规划和管理创业资金；积极组织市场推广活动，提高学生的市场意识和推广能力。

创新创业实践和成果转化的支持与保障是应用型人才培养课程体系中的重要组成部分。通过建立完善的实践平台、提供丰富的创新创业资源、建立完善的成果转化机制、提供全方位的创新创业教育和培训及建立完善的创新创业服务体系等措施，可以为学生打造一个充满创新创业氛围和机会的学习环境，促进他们的创新创业实践和成果转化工作取得实效。

第六章 应用型人才培养的教学模式

在应用型本科院校的人才培养体系中，教学模式是关键的一环。本章将深入探讨适应应用型人才培养需求的教学模式，分析其特点、优势与实施策略。通过理论与实践的结合，将探讨如何通过创新教学模式更有效地培养学生的实际操作能力、问题解决能力及创新思维，从而使其更好地适应未来职场的挑战。这些教学模式不仅关注学生的知识积累，更注重其实践技能的提升和综合素质的培养。

第一节 教学模式的创新与实践

教学模式的创新与实践是应用型本科院校提升人才培养质量的关键。通过引入新颖的教学理念和方法，结合实际应用，院校致力于打破传统束缚，构建更加灵活多样的教学环境。这种创新不仅激发了学生的学习兴趣，还提高了他们的实践能力和综合素质，为培养适应社会需求的应用型人才奠定了坚实基础。

一、传统教学模式的反思与挑战

随着教育改革的不断深入，传统教学模式正面临着前所未有的反思与挑战。在传统教学模式下，教师是课堂的主导者，学生往往处于被动接受知识的状态。然而，这种模式已经无法满足当今社会对人才培养的需求，特别是在培养学生的创新思维、实践能力和自主学习能力方面存在明显不足。因此，需要对传统教学模式进行深刻的反思，并积极探索新的教学方法，以适应时代的发展。

（一）传统教学模式的局限性分析

传统教学模式在教育历史长河中占据了重要地位，但随着社会的进步和科技的发展，其局限性逐渐显现出来。以下是对传统教学模式局限性的详细分析。

（1）传统教学模式往往过于注重知识的灌输，而忽视了学生能力的培养。这种模式不仅难以激发学生的学习兴趣和积极性，而且不利于培养学生的自主学习能力和创新思维能力。

（2）传统教学模式的教学内容和方法往往过于单一和僵化。教师通常按照既定的教材和教案进行教学，很少引入新的教学资源和教学方法。这种缺乏灵活性和创新性的教学方式，不仅难以满足学生的多样化需求，而且难以适应社会的快速变化和发展。

（3）传统教学模式往往忽视了学生的个体差异和个性化需求。每个学生都有不同的学习风格、兴趣爱好和发展潜力，但传统教学模式往往采用"一刀切"的方式进行教学，难以做到因材施教和个性化教学。这不仅影响了学生的学习效果，而且限制了学生的发展潜力。

（4）传统教学模式的评价方式也存在很大的局限性。传统的评价方式通常以考试成绩为主要依据，忽视了学生的学习过程、学习态度和学习能力等方面的评价。这种评价方式不仅难以全面反映学生的真实水平，而且容易导致学生产生应试心态，不利于学生的全面发展。

传统教学模式在知识传递、教学内容和方法、学生的个体差异和个性化需求及评价方式等方面都存在明显的局限性。这些局限性不仅影响了学生的学习效果和发展潜力，而且导致传统教学模式难以适应新时代对教育的新要求。因此，需要对传统教学模式进行反思和挑战，积极探索和实践创新型教学模式，以更好地满足学生的需求和社会的发展。

（二）新时代对教学模式的新要求

随着科技的飞速发展和社会的不断进步，新时代对教学模式提出了更高的要求。这些要求不仅反映了社会对人才培养的新期待，也体现了教育自身发展的必然趋势。

（1）新时代要求教学模式更加注重学生的主体地位。在传统教学模式下，学生往往处于被动接受的状态，但新时代强调学生的主体性和主动性，要求学生能够积极参与到教学过程中，成为知识的建构者和探索者。因此，教学模式需要转变为以学生中心，注重激发学生的学习兴趣和积极性，培养学生的自主学习能力和创新思维能力。

（2）新时代要求教学模式更加注重灵活多样。随着信息技术的发展，学生获取知识的途径和方式越来越多样化，教学模式也需要适应这一变化，打破传统的单一教学模式，引入更多元化的教学方法和手段。例如，利用信息技术开展在线教学、混合式教学等，以满足学生多样化的学习需求。

（3）新时代要求教学模式更加注重实践性和应用性。在传统教学模式下，理论与实践往往脱节，但新时代强调知识的应用性和实践性，要求学生能够将所学知识应用于实际问题的解决中。因此，教学需要加强与产业、社会的联系，引入更多实践性的教学内容和方式，如采用项目驱动教学、案例教学等教学方法，以培养学生的实践能力和创新精神。

（4）新时代要求教学模式更加注重个性化和差异化。每个学生都有不同的学习风格、兴趣爱好和发展潜力，但传统的教学模式往往忽视了学生的个体差异。新时代的教学模式需要关注学生的个性化需求，采用因材施教的方式，为每个学生提供适合其发展的教育资源和教学支持。同时，评价方式也需要从单一的考试成绩评价转变为多元化评价，全面反映学生的真实水平和发展潜力。

新时代对教学模式提出了新的要求，包括注重学生的主体地位、注重灵活多样、注重实践性和应用性，以及注重个性化和差异化等。这些要求不仅体现了社会对人才培养的新期待，也为教育的发展指明了方向。

二、创新型教学模式的探索与实践

在当前教育改革的背景下，创新型教学模式的探索与实践显得尤为重要。本部分旨在探讨如何通过创新的教学方式和方法提高学生的学习兴趣与积极性，培养他们的创新思维和实践能力。将介绍几种典型的创新型教学模式，如翻转课堂、混合式教学等，并分析它们在实际教学中的应用效果。同时，将分享一些成功的实践案例，以及在这些模式下教师的教学策略和学生的学习体验。通过这些探索与实践，期望能够为教育改革提供有益的参考，推动教育教学的持续创新与发展。

（一）翻转课堂与混合式教学

翻转课堂与混合式教学是近年来备受关注的教学模式，它们以独特的教学理念和实践方式为应用型人才培养提供了新的路径。

翻转课堂是一种将传统课堂内外时间进行重新分配的教学模式。在这种模式下，学生在课前通过在线视频、课件等教学资源自主学习新知识，而课堂时间则主要用于师生之间的互动交流、答疑解惑和实践应用。翻转课堂的优势在于能够将学习的主动权交还给学生，让学生在自主学习中发现问题、思考问题，并在课堂上得到及时的反馈和指导。同时，翻转课堂还能够促进师生之间的深度互动，提高课堂的教学效率和学生的学习效果。

混合式教学则是一种将在线教学和传统课堂教学相结合的教学模式。在这种模式下，教师根据教学目标和学生需求灵活选择线上和线下的教学方式，以达到最佳的教学效果。混合式教学充分利用了信息技术的优势，为学生提供了更加丰富多样的学习资源和更加灵活便捷的学习方式。同时，混合式教学还能够满足不同学生的学习需求，让每个学生都能够在适合自己的学习环境中获得最佳的学习效果。

翻转课堂与混合式教学在应用型人才培养中具有广泛的应用前景。首先，它们能够激发学生的学习兴趣和积极性，培养学生的自主学习能力和创新思维能力。其次，它们能够加强理论与实践的结合，提高学生的实践能力和解决问题的能力。最后，它们能够促进学生的个性化发展，让每个学生都能够在适合自己的学习路径上获得最大的成长。

当然，翻转课堂与混合式教学也面临一些问题：如何制作高质量的教学视频？如何保证学生的线上学习质量？如何设计有效的课堂互动环节？等等。这些问题需要教师在实践中不断探索和解决。同时，院校也需要为教师提供必要的技术支持和培训，以确保翻转课堂与混合式教学的顺利实施。

翻转课堂与混合式教学是新时代下教学模式的重要创新，它们为应用型人才培养提供了新的思路和方法。

（二）慕课与在线开放课程

慕课与在线开放课程近年来在教育界掀起了一股革新潮流。这些课程利用互联网的力量，打破了传统课堂的束缚，为应用型本科院校的人才培养注入了新的活力。

慕课，即大规模在线开放课程，已经成为全球学习者的新宠。它不再受时间和空间的限制，能够让世界各地的人们都能接触到顶尖的教育资源。举例来说，Coursera、edX 等慕课平台上，哈佛大学、麻省理工学院等世界名校的课程都备受追捧。数据显示，在 2022 年，我国慕课选课人次近 8 亿，在校生获得慕课学分人次超过 3 亿，这一数字预计在未来几年将持续增长。

与此同时，在线开放课程也如雨后春笋般涌现。这些课程由一流大学和教育机构提供，内容覆盖各个学科领域。例如，清华大学的"学堂在线"就提供了包括计算机科学与技术、经济管理等多领域的精品课程。这些课程的开放性和共享性使得教育资源更加均衡分配，为更多人提供了高质量的学习机会。

在应用型人才培养方面，慕课与在线开放课程发挥了不可或缺的作用。它们不仅提供了与产业紧密相关的课程内容，如编程、数据分析等热门技能，还融入了丰富的实践项目。以一些慕课平台上的"Python 编程"课程为例，该课程除了基础理论教学，还包括多个实战项目，如网页爬虫、数据分析报告等，有效地提升了学习者的实践能力。

然而，慕课与在线开放课程这些新型课程模式也面临挑战，如课程质量的保障、学习效果的评估等。为此，许多平台已经开始尝试引入第三方认证、建立学习社群等，以提升教育质量和学生的学习体验。

总的来说，慕课与在线开放课程为应用型本科院校的人才培养开辟了新的道路，应该充分利用这些资源，结合线上线下教学模式，推动教育的持续创新与发展。

（三）其他创新型教学模式的案例分析

随着教育领域的不断创新，多种新型教学模式应运而生，它们各具特色，共同推动着教育的进步与发展。本部分将选取几种典型的创新型教学模式进行案例分析，以展现其在实际教学中的应用与效果。

1. 协作式学习模式

协作式学习模式强调学生之间的合作与交流，鼓励学生共同解决问题，完成任务。在这种模式下，教师通常会将学生分成若干小组，每个小组分配一个具体的学习任务。小组成员需要相互协作共同完成任务，并在过程中进行知识的探究与构建。

以郑州大学为例，在"计算机科学"课程中，教师采用协作式学习模式，将学生分成若干小组，每个小组负责开发一个简单的应用程序。在开发过程中，小组成员需要相互协作共同解决遇到的技术难题。通过这种模式，学生不仅提升了编程技能，还培养了团队协作和沟通能力。

2. 探究式学习模式

探究式学习模式以问题为引领，倡导学生独立探索和发现。在此模式下，教师不是简单地传授知识，而是设置具有启发性和挑战性的问题推动学生去主动求知。在学习过程中，学生需运用批判性思维，通过实验操作、数据收集与分析及团队协作共同寻求问题的答案。这样的学习方式不仅能够锻炼学生的思维能力，还能培养他们的创新意识和实践能力。探究式学习模式让学生在学习过程中担任更为主动的角色，实现从被动接受到主动探索的转变，为他们的全面发展提供了有力支持。

以潍坊学院为例，该校致力于将理论与实践相结合，不仅注重学生基础理论的学习，更加强调实践技能的培养。在课程设置上，该校引入了大量的实验、实训课程，让学生在操作中深化理论知识，提升应用能力。此外，学校还与企业合作，为学生提供实习机会，让他们在实际工作中学习和成长。这种应用型的教育模式使得潍坊学院的毕业生在就业市场上具有较强的竞争力，能够迅速适应和融入行业，成为企业所需的应用型人才。通过这种教育模式，潍坊学院为社会培养了大批既懂理论又具备实践能力的优秀人才。

3. 个性化学习模式

个性化学习模式是一种教育方法，它根据每个学生的学习需求、兴趣、能力和学习风格来定制教学内容和方法。这种模式的核心在于识别和尊重学生的个体差异，以促进每个学生的最大潜能发展。在个性化学习中，教师或教育技术工具会评估学生的知识水平、学习偏好和动机，然后提供相应的学习资源和活动。这可能包括自适应学习软件、个性化作业、一对一辅导、项目式学习或小组合作等多种形式。

个性化学习的优势在于能够提高学生的参与度和学习动机，因为它允许学生在他们感兴趣的领域深入学习，并以适合自己节奏的方式掌握知识。此外，它还有助于教师更有效地识别和支持学生的特定需求，无论是在学术上还是在情感上。

例如，潍坊学院通过构建"智能个性化学习体系"，利用大数据技术，为每个学生提供了个性化的学习体验。学校实施了不同的课堂模式，包括单师模式、双师模式、多师模式，最终发展为"1师+X生"模式，其中学生担任助教，根据大数据显示的错题知识点进行分组学习，教师对学生助教进行提前辅导，以解决个性化错题。这种模式不仅提升了学生的个性化学习体验，还促进了学生助教的个性化发展，帮助他们学会了解答提问、分析作业等教学技巧，以及如何巧用教育资源、复习应考、拓展阅读等多种能力。

第二节　案例教学、项目驱动教学等教学方法的应用

案例教学、项目驱动教学等教学方法在应用型本科院校人才培养中发挥着重要作用。通过这些方法，学生能够在实践中深化理论知识，提升解决实际问题的能力。案例教学让学生分析真实事件，培养批判性思维；项目驱动则鼓励学生动手实践，促进团队合作和创新能力的提升。这些方法共同助力应用型人才的培养。

一、案例教学的应用与实践

案例教学是一种以实际案例为基础的教学方法，它通过引入真实的、具有代表性的案例，让学生在分析和解决问题的过程中理解和掌握相关知识，提升实践能力。在应用与实践方面，案例教学展现出了独特的优势和价值。教师在课堂上引入精心选择和设计的案例，能够引导学生深入探究，激发学生的学习兴趣和积极性。同时，案例教学还能够帮助学生建立理论与实践之间的联系，培养他们的批判性思维和解决问题的能力。在实际教学中，教师需要灵活运用案例教学，结合课程内容和学生特点设计出具有针对性和实效性的教学方案，以提高教学质量和效果。

（一）案例的选择与设计原则

案例教学通过模拟或重现现实生活中的一些场景，让学生将自己置身于案例情境中，通过讨论或者研讨来进行学习。在选择和设计案例时，应遵循以下原则，确保案例教学的有效性。

1. 目的性原则

案例的选择与设计应具有明确的教学目的。教师需要清晰了解案例教学所要达到的知识、技能和态度目标，确保选取的案例能够直接支持这些教学目标的实现。案例应包含需要学生分析、评价和解决的关键问题，从而推动学生主动学习和深入思考。

2. 真实性原则

案例应具有真实性和代表性。真实的案例往往能够激发学生的兴趣，提高他们的问题解决能力。案例可以来自企业实践、社会事件或学术研究，但必须反映实际情境中的复杂性和多样性。同时，案例应具有足够的代表性，能够涵盖某一类问题或现象的核心要素，有助于学生举一反三、触类旁通。

3. 适应性原则

案例的难度和复杂度应与学生的认知水平和学习能力相适应。过于简单的案例可能无法挑战学生的思维，而过于复杂的案例可能使学生感到挫败。因此，教师需要精心调整案例的难度，确保学生在分析和解决问题的过程中能够获得成就感和自信心。

4. 启发性原则

案例应具有启发性，能够引导学生从不同的角度审视问题，发现新的观点和解决方案。启发性案例通常包含开放性问题，鼓励学生运用批判性思维和创造性思维思考问题。通过这类案例的学习，学生可以培养独立思考和解决问题的能力。

5. 综合性原则

综合性原则要求案例能够涵盖多个知识点或技能点，有助于学生将所学知识进行整合和应用。综合性案例往往涉及多个学科领域或实践场景，要求学生运用跨学科的知识和方法解决问题。通过这类案例的学习，学生可以提升综合运用知识的能力和解决复杂问题的能力。

案例的选择与设计应充分考虑目的性、真实性、适应性、启发性和综合性等原则，确保案例教学的针对性和实效性。同时，教师还应根据学生的反馈和学习效果不断调整与优化案例，以实现案例教学的最佳效果。

（二）案例教学的实施过程与策略

案例教学的实施过程是一个精心设计的流程，旨在引导学生分析、讨论和解决实际问题，培养学生的批判性思维、问题解决能力和团队协作能力。以下是案例教学的实施过程与策略。

1. 做好准备工作

在案例教学开始之前，教师需要做好充分的准备工作。这包括选择与设计符合教学目的和学生特点的案例，制订详细的教学计划，并准备必要的教学资源和工具。同时，教师还需要向学生介绍案例教学的目的、方法和要求，以便学生能够明确学习目标，做好学习准备。

2. 引入案例

在引入案例时，教师可以通过讲述、展示或模拟等方式将案例呈现给学生。为了激发学生的学习兴趣和探究欲望，教师可以设置一些悬念或问题引导学生主动思考和探索案例中的关键信息。同时，教师还需要为学生提供必要的背景知识和相关理论，以帮助他们更好地理解和分析案例。

3. 分析与讨论

在分析与讨论阶段，教师需要引导学生运用所学知识对案例进行深入剖析。可以通过个人思考、小组讨论或全班交流等方式进行。为了促进学生积极参与和有效互动，教师可以设置一些引导性问题或任务，鼓励学生发表自己的观点和见解，并对他人的观点进行评价和反馈。同时，教师还需要对学生的讨论进行适时的引导和总结，确保讨论能够围绕主题深入展开。

4. 应用与拓展

在应用与拓展阶段，教师需要引导学生将案例分析与讨论的结果应用于实际问题解决中。可以通过模拟决策、制订方案或实际操作等方式进行。为了培养学生的创新思维和实践能力，教师还可以鼓励学生对案例进行拓展和延伸，并提出新的想法和解决方案。同时，教师还需要对学生的应用与拓展成果进行及时的评价和反馈，帮助他们不断完善和提升。

5. 总结与反思

在案例教学结束时，教师需要引导学生对整个学习过程进行总结与反思。可以通过撰写报告、进行口头汇报或开展同伴评议等方式进行。总结与反思的内容可以包括学习收获、问题解决策略、团队协作经验及需要进一步改进的地方等。通过总结与反思，学生可以更好地内化所学知识，提升自我认知和学习能力。

案例教学的实施过程包括做好准备工作、引入案例、分析与讨论、应用与拓展及总结与反思五个阶段。在每个阶段中，教师都需要采用适当的策略和方法来引导学生的学习活动，确保案例教学能够达到预期的教学目标。同时，教师还需要根据学生的反馈和学习效果不断调整与优化教学策略，以达到案例教学的最佳效果。

（三）案例教学的效果评估与反馈

案例教学作为一种重要的教学方法，需要对其实施效果进行科学、全面的评估，以便及时调整教学策略，提高教学质量。以下是对案例教学的效果评估与反馈的详细阐述。

1. 效果评估的重要性

案例教学旨在通过模拟真实情境，引导学生分析问题、解决问题，从而培养他们的实践能力和创新思维。对案例教学效果进行评估，不仅有助于了解学生的学习情况，还可以帮助教师发现教学中的问题，为改进教学方法提供依据。

2. 评估方法与指标

（1）学生参与度评估。通过观察学生在案例教学中的表现，如提问、讨论、小组合作等，评估他们的参与度和积极性。

（2）知识掌握情况评估。通过测试、问卷等方式，了解学生对案例中涉及的知识点的掌握情况。

（3）能力提升评估。通过对比学生在案例教学前后的能力变化，如分析问题、解决问题、沟通协作等能力，评估案例教学对学生能力提升的效果。

（4）教学满意度评估。通过问卷调查等方式，收集学生对案例教学的满意度反馈，以便了解他们对教学方法、教学内容、教师指导等方面的评价。

3. 反馈机制与改进策略

（1）及时反馈。在案例教学结束后，教师应尽快向学生反馈评估结果，指出他们在学习过程中的优点和不足，并提出改进建议。

（2）定期总结。教师应定期对案例教学的实施情况进行总结，分析教学效果和存在的问题，为下一轮教学提供参考。

（3）调整教学策略。根据评估结果和学生反馈，教师应及时调整教学策略，如优化案例选择、改进教学方法、加强教学指导等，以提高案例教学的效果。

（4）持续改进。案例教学是一个持续优化的过程，教师需要不断关注教学动态，学习新的教学理念和方法，不断完善和提升自己的案例教学能力。

4. 注意事项

（1）评估要客观公正。在评估过程中，教师应避免主观偏见，确保评估结果的客观性和公正性。

（2）反馈要具体明确。在向学生反馈评估结果时，教师应提供具体明确的建议和指导，帮助他们更好地改进学习方法。

（3）尊重学生差异。每个学生都有自己的特点和优势，教师在评估和反馈时应尊重学生的个体差异，因材施教。

二、项目驱动教学的应用与实践

项目驱动教学作为一种创新的教学模式，在应用型本科院校中得到了广泛的应用与实践。本部分将深入探讨项目驱动教学法在实际教学中的应用，通过分析具体的教学案例，展示如何将理论知识与实际项目相结合，从而有效提升学生的实践能力和创新能力。此外，还将讨论教师在实施项目驱动教学法过程中的角色转变，以及如何优化项目设计和管理，确保教学法的顺利实施。最终，通过项目驱动教学的应用与实践，期望能够培养出更多具备实际操作能力和创新思维的应用型人才，以满足社会对高素质人才的需求。

（一）项目驱动教学的重要思想

在应用型人才培养的教学模式中，项目驱动教学以其独特的魅力和实用性日益受到教育界的青睐。项目驱动教学通过引导学生参与实际项目的实施，将理论知识与实践操作紧密结合，有效提升学生的综合应用能力。项目的选择与设计作为项目驱动教学的起点，其重要性不言而喻。

1. 项目选择的原则

在选择项目时，教师应遵循以下几个原则：首先，项目应具有针对性和实用性，能够紧密围绕教学目标和人才培养需求；其次，项目应具有挑战性和探索性，能够激发学生的学习兴趣和求知欲；最后，项目应具有可操作性和可评价性，便于学生在实际操作中获得成就感和自我提升。

2. 项目设计的核心理念

项目设计的核心理念是以学生为中心，以实践为导向。这意味着在项目设计过程中，教师应充分考虑学生的认知水平、兴趣爱好和实际需求，确保项目内容既符合教学要求，又能激发学生的学习兴趣。同时，项目设计应注重实践操作和问题解决能力的培养，引导学生在实际操作中发现问题、分析问题并解决问题。

3. 项目与课程内容的融合

为了确保项目驱动教学的效果，项目内容应与课程内容紧密融合。教师可以通过对课程内容的梳理和整合，将相关知识点和技能点融入项目实践中，使学生在完成项目的过程中自然掌握所学内容。此外，教师还可以根据项目的实际情况适时引入新的知识点和技能点，拓展学生的知识视野并提高学生的实践能力。

如表 6-1 所示，在校园导航软件开发课程中，教师将课程内容与项目实践紧密结合。

表 6-1　在校园导航软件开发课程中课程内容与项目实践融合的示例

序号	课程内容	融合方式	项目实践
1	需求分析	学生进行市场调研，确定软件开发需求	开发一款校园导航应用
2	设计模式	学生应用设计模式优化软件结构	应用观察者模式实现实时更新功能
3	数据库设计	学生设计并实现数据库模型	创建并优化应用数据库

4. 项目的创新与拓展

在项目驱动教学中，创新与拓展是提升项目质量和效果的关键。教师可以通过引入新技术、新方法或新视角来创新项目内容和实践方式，使学生在参与项目的过程中不断接触新知识、新技能和新思维。同时，教师还可以鼓励学生自主拓展项目内容和实践范围，培养他们的自主学习能力和创新精神。

5. 项目的适应性调整

在项目驱动教学的实施过程中,教师应根据学生的反馈和项目的进展情况对项目进行适应性调整。这包括调整项目的难易程度、增减项目内容、优化项目实施步骤等。通过适应性调整,教师可以确保项目更加符合学生的实际需求和教学目标的要求,从而提高项目驱动教学的效果。

教师应遵循针对性、实用性、挑战性、探索性、可操作性和可评价性等原则来选择和设计项目,并注重以学生为中心、以实践为导向的理念来指导项目实施。通过精心选择和设计项目,教师可以有效激发学生的学习兴趣和积极性,提升学生的综合应用能力,为应用型人才培养奠定坚实的基础。

(二)项目驱动教学的实施步骤与方法

项目驱动教学作为一种有效的应用型人才培养模式,其实施步骤与方法的合理性直接关系到教学效果的好坏。下面将详细阐述项目驱动教学的实施步骤与方法。

1. 明确项目目标与任务

在项目驱动教学的初始阶段,教师需要明确项目的目标和任务。这些目标和任务应与学生的学习需求、课程内容及实际应用场景紧密相连。通过明确项目的目标和任务,学生能够清楚地知道自己需要做什么,以及完成项目后能够达到什么样的效果。

2. 制订项目实施计划

明确项目目标和任务后,教师需要制订详细的项目实施计划。这包括项目的进度安排、人员分工、资源调配等。通过制订实施计划,可以确保项目的顺利进行,并在必要时进行调整和优化。同时,学生也可以根据实施计划了解自己的任务和责任,从而更好地投入到项目中。项目计划表示例如表6-2所示。

表6-2 项目计划表示例

序号	阶段	任务	时间周期/周	负责人
1	需求分析阶段	收集需求,定义功能	2	学生团队
2	设计阶段	设计数据库和系统架构	3	学生团队,教师指导

续表

序号	阶段	任务	时间周期/周	负责人
3	开发阶段	编写代码，实现功能	4	学生团队
4	测试阶段	进行系统测试，修复 Bug	2	学生团队
5	部署与展示阶段	部署系统，进行项目展示	1	学生团队，教师评估

3. 组织项目实施

在项目驱动教学的实施阶段，教师需要组织学生按照实施计划进行项目的实施。这包括指导学生进行实践操作、解答学生在实施过程中遇到的问题、监督学生的学习进度和质量等。通过组织项目实施，可以确保学生能够在实践中掌握所学知识和技能，并培养他们的团队协作和问题解决能力。

4. 开展项目评估与总结

项目结束后，通过综合评估体系（包括学生自评、小组互评和教师评价）对项目成果进行全面评价。例如，可以制定如下评价标准。

（1）功能性：系统是否实现了预定功能？

（2）稳定性：系统运行是否稳定？有无明显 Bug？

（3）创新性：项目在设计和实现上是否有创新点？

（4）团队协作：团队成员之间的合作是否顺畅有效？

在实施项目驱动教学时，还需要注意以下几点：首先，教师应注重激发学生的学习兴趣和积极性，使学生能够主动投入到项目中；其次，教师应关注学生的个体差异，因材施教，确保每个学生都能够在项目中获得成长；最后，教师应注重培养学生的创新意识和实践能力，鼓励学生在项目实施过程中勇于尝试和探索。

通过明确项目目标与任务、制订项目实施计划、组织项目实施及开展项目评估与总结等步骤和方法，教师可以有效地引导学生参与实践操作，提升学生的综合应用能力和创新精神。

（三）项目成果的展示与评价机制

在项目驱动教学中，项目成果的展示与评价是检验学生学习效果和应用能力的重要环节。一个完善的展示与评价机制不仅能激发学生的学习动力，还能帮助他们从项目中获得更深层次的收获。

1. 项目成果的展示

项目成果的展示是学生学习成果的直接体现,也是他们交流学习、互相启发的平台。展示形式可以多样化,如口头报告、书面报告、实物展示、多媒体演示等。具体选择哪种形式,应根据项目的性质和内容来决定。项目成果展示形式的示例如表 6-3 所示。

表 6-3　项目成果展示形式示例

序号	展示形式	适用项目类型	示例
1	口头报告	分析与解决问题类项目	学生就某一社会问题进行分析,提出解决方案,并通过演讲形式系统阐述项目背景、实施过程及成效
2	书面报告	数据研究与分析类项目	学生撰写关于市场调研的分析报告,详细记录调研过程、数据分析方法及结论
3	实物展示	设计与制作类项目	学生制作一个小型机械模型,通过实际操作展示其工作原理和实用性
4	多媒体演示	创新与科技类项目	学生制作一个科技产品的视频介绍,包括产品功能、使用场景及市场前景等

通过多样化的展示形式,学生不仅能够全面、深入地展示项目成果,还能在准备过程中进一步提升自己的综合能力。

口头报告适用于那些需要详细阐述项目过程、存在的问题和解决方案的项目。学生可以通过演讲的方式,系统地介绍项目的背景、目标、实施过程、遇到的问题及解决方法,以及最终的成果和收获。

书面报告更适用于那些需要大量文字和数据来支撑的项目。学生可以通过撰写项目报告详细记录项目的整个过程和成果,包括项目计划、实施步骤、数据分析、结论与建议等。

实物展示和多媒体演示则适用于那些具有可视化成果的项目。学生可以通过制作模型、样品、视频等方式直观地展示项目的成果和效果。这种方式不仅能够吸引观众的注意力,还能更直观地传达项目的价值和意义。

2. 项目成果的评价

对项目成果进行客观、全面的评价是衡量学生学习成效和应用能力的重要手段。在评价过程中需要注重以下几个方面。

（1）完成度与质量。首先评估项目是否按照既定的目标和计划顺利完成，成果的质量是否达到预期标准。例如，在一个软件开发项目中，检查软件的功能是否完善、运行是否稳定等。

（2）过程表现。除了成果本身，学生在项目过程中的表现也是评价的重点，需要关注学生的参与度、团队合作能力、解决问题的能力及学习态度。在一个团队项目中，观察学生是否积极参与讨论、是否能有效解决遇到的问题等。

（3）评价方式多元化。为了更全面地评价学生的表现，应采用多元化的评价方式，包括教师评价、学生自评和互评及邀请外部专家进行评价。这种多元化的评价方式能够更客观地反映学生的学习情况和应用能力。例如，在电子商务网站开发项目中，不仅需要关注学生的最终成果——网站的功能和性能，还需要关注他们在开发过程中的表现。

通过多样化的展示方式和全面客观的评价机制，可以激发学生的学习动力，提升他们的综合素质和创新能力。

第三节　信息技术与教育教学的深度融合

在应用型本科院校中，信息技术与教育教学的深度融合是实现高质量人才培养的关键。通过充分利用现代信息技术手段，如大数据分析、云计算、AI 等，可以创新教学方式、丰富教学资源、提升教学效果。这种深度融合不仅能够满足学生个性化学习的需求，还能够培养他们的信息素养和创新能力，更好地适应数字化时代的要求。

一、信息技术在教育中的应用现状

随着科技的飞速发展，信息技术已经渗透到各行各业，尤其在教育领域的应用日益广泛。当前，信息技术在教育中的应用呈现出多元化、互动性强、个性化学习等特点。多媒体教学、网络教学、AI 辅助教学等新兴教学模式逐渐成为主流，极大地丰富了教学手段和学习资源。信息技术不仅提高了教学效率，还为学生提供了更多自主学习和探究的空间。同时，通过大数据分析、智能推荐等技术，教育正变得更加个性化和精准化，能够满足不同学生的需求。总体而言，信息技术正深刻改变着教育的面貌,为培养创新型人才提供了有力支持。

(一)多媒体技术在课堂教学中的应用

随着科技的快速发展,多媒体技术已经成为现代教育中不可或缺的一部分。特别是在课堂教学中,多媒体技术以其独特的优势极大地丰富了教学内容和手段,提高了教学效果和质量。

1. 多媒体技术的基本概念和特点

多媒体技术主要是通过计算机综合处理文本、图像、音频和视频等多种媒体信息,并通过人机交互来展示和传播这些信息的。该技术的主要特点包括信息量大、交互性强及表现形式多样。这些特点使得多媒体技术能够生动、形象地展现教学内容,进而有效激发学生的学习兴趣和积极性。

2. 多媒体技术在课堂教学中的应用形式

(1)课件制作。教师可以将教学内容制作成课件,通过文字、图片、动画等多种形式展示给学生,使教学内容更加生动、形象、直观。例如,在课件中通过动画展示光合作用过程,能够使学生更直观地理解光合作用的各个阶段。

(2)视频教学。教师可以通过播放教学视频,让学生观看到真实场景的操作过程或者历史事件的真实记录,增强学生对知识的感知和理解。例如,通过播放二战历史纪录片,能够使学生了解二战的历史背景并深刻感受到二战的影响力。

(3)交互式教学。教师可以通过多媒体技术设计交互式教学环节,让学生在课堂上参与互动,如答题、讨论等,提高学生的参与度和学习效果。例如,利用交互式软件进行数学测试,能够提高学生的数学成绩及课堂参与度。

3. 多媒体技术在课堂教学中应用的优势

(1)提高教学效率。通过多媒体技术,教师可以在有限的课堂时间内展示更多的教学内容,提高教学效率。

(2)增强教学效果。多媒体技术能够以多种形式展示教学内容,激发学生的学习兴趣和积极性,增强学生的感知和理解能力,从而提高教学效果。

(3)促进教学改革。多媒体技术的应用推动了传统教学模式的改革和创新,为教学提供了更多的可能性和手段。

4. 多媒体技术在课堂教学中应注意的问题

虽然多媒体技术在课堂教学中具有诸多优势，但仍需要注意一些问题。例如，教师应合理设计多媒体课件和教学环节，避免过多的花哨效果和无关信息干扰学生的注意力；同时，教师应注重与学生的互动交流，不要因多媒体技术的应用而忽略与学生的情感沟通和人文关怀。

多媒体技术在课堂教学中的应用为现代教育注入了新的活力和动力。

（二）网络技术在远程教育中的应用

随着网络技术的飞速发展，远程教育正成为越来越受欢迎的教育形式。网络技术为远程教育提供了强大的支持，使得学习者可以随时随地接受教育，打破了时间和空间的限制。

1. 网络技术在远程教育中的基本应用

网络技术在远程教育中的基本应用主要体现在以下几个方面：在线课程开发、教学资源共享、实时互动教学、学习管理与评价等。通过这些应用，远程教育得以实现教学内容的多样化、教学方式的灵活化和教学评价的客观化。

2. 网络技术在远程教育中的应用实践

（1）在线课程开发。借助网络技术，教育机构可以开发丰富的在线课程，包括视频讲座、在线测试、讨论区等，为学习者提供多样化的学习体验。同时，这些课程可以根据学习者的需求和兴趣进行定制，满足个性化的学习需求。

（2）教学资源共享。网络技术使得教学资源得以在全球范围内共享。教育机构可以将优质的教学资源上传到网络平台供学习者免费或付费使用，这不仅丰富了教学内容，还降低了教育成本，提高了教育资源的利用率。

（3）实时互动教学。通过网络技术，教师和学生可以实现实时在线互动。教师可以通过网络直播、在线答疑等方式为学生提供即时的教学支持；学生则可以通过提问、讨论等方式积极参与教学过程，提高学习效果。

（4）学习管理与评价。网络技术为远程教育提供了便捷的学习管理和评价工具。教师可以通过在线学习管理系统跟踪学生的学习进度并关注学生的学习成绩，为学生提供及时的反馈和建议。同时，在线测试和评价系统可以客观地评估学生的学习效果，为教学改进提供依据。

3. 网络技术在远程教育中应用的优势与挑战

网络技术在远程教育中的优势显而易见，如提高教育普及率、降低教育成本、满足个性化学习需求等。然而，它也面临着一些挑战，如网络安全问题、学习者自律性要求高等。因此，在推广和应用网络技术时，需要充分考虑这些因素，制订合理的策略和措施。

4. 未来展望

随着 5G、AI 等新一代网络技术的不断发展，远程教育将迎来更加广阔的发展前景。未来，网络技术将进一步优化远程教育的教学模式和学习体验，推动远程教育向更高质量、更广泛普及的方向发展。同时，需要关注网络安全、教育公平等问题，确保远程教育的健康可持续发展。

二、信息技术与教育教学融合的策略和实践

在当今信息化时代，信息技术与教育教学的融合已成为教育改革的重要趋势。本部分将深入探讨信息技术与教育教学融合的策略，并通过实践案例来展示该策略的具体应用。

（一）智慧课堂与智能教学系统的构建

随着信息技术的飞速发展，智慧课堂与智能教学系统已成为教育领域的研究热点。它们利用先进的信息技术，如 AI、大数据分析、物联网等，为课堂教学提供了智能化、个性化的支持，从而提高了教学质量和效率。

1. 智慧课堂的概念与特点

智慧课堂是一种基于信息技术的创新型教学模式，它利用智能设备和教学平台实现了教学资源的优化配置和教学过程的智能化管理。智慧课堂具有以下特点。

（1）互动性。智慧课堂强调师生之间的实时互动，鼓励学生积极参与教学过程，提高学习效果。

（2）个性化。智慧课堂能够根据学生的学习特点和需求提供个性化的学习资

源和教学方案。

（3）智能化。智慧课堂利用 AI 和大数据分析技术实时跟踪学生的学习进度和效果，为教学提供科学依据。

2. 智能教学系统的构建与应用

智能教学系统是一种集成了多种信息技术的教学辅助工具。智能教学系统的构建主要包括以下几个方面。

（1）教学资源建设。整合优质的教学资源，包括课程视频、教学课件、习题库等，为教师提供丰富的教学素材。

（2）教学平台开发。搭建功能完善的教学平台，支持在线授课、实时互动、学习管理等功能，满足教师和学生的教学需求。

（3）智能分析工具设计。利用大数据和 AI 技术开发智能分析工具，对学生的学习数据进行挖掘和分析，为教学提供科学依据。

在课堂应用中，智能教学系统辅助教师高效授课，提供了丰富的资源和便捷的教学工具；支持学生个性化学习，推荐相关资源和学习路径；实时追踪学习进度，为教师提供及时反馈，助力教学策略调整。

3. 智慧课堂与智能教学系统的融合和发展

智慧课堂与智能教学系统的融合是教育信息化发展的必然趋势。通过将智慧课堂的理念与智能教学系统的技术相结合，可以打造更加高效的教学环境，并创造更加个性化的学习体验。未来，随着技术的不断创新和进步，智慧课堂与智能教学系统将在教育领域发挥更加重要的作用，推动教育教学的变革与创新。

（二）大数据在教育评价中的应用

随着信息技术的迅猛发展，大数据已经成为当今社会的一大热点。大数据在教育领域的应用日益广泛，尤其是在教育评价方面，以其强大的数据处理和分析能力为教育评价提供了全新的视角与方法。

1. 大数据在教育评价中的重要作用

相较于传统的以考试成绩和教师主观评价为主的评价方式，大数据为我们提供了更加全面、客观的视角。通过收集学生的学习数据，包括在线学习时长、互动次数、学习资源使用偏好等，能够更准确地了解学生的学习状况和需求，从而为教育评价提供科学依据。

2. 大数据在教育评价中的具体应用

（1）学习行为深度挖掘。通过精确地追踪学生的学习路径，如在线平台的点击流数据，可以分析出学生的学习偏好和难点，进而优化教学内容。例如，在在线课程中，通过分析学生观看视频的时间点和重复次数，教师可以发现某几个知识点是学生反复回看的，从而针对这些难点进行重点讲解。

（2）学习成果精准评估。除了传统的考试成绩，大数据还能结合学生的作业完成质量、在线测试成绩等多维度数据为学生提供个性化的学习反馈。例如，在实践中，通过大数据分析，如果教师发现部分学生在特定章节的测试中成绩普遍偏低，就可以针对这些章节进行补充讲解和练习。

（3）科学决策支持。大数据还能为课程设置、教学方法的改进提供数据支持。例如，通过分析历年学生的学习数据和成绩，学校可以更加科学地安排课程进度和难易程度，以满足大多数学生的学习需求。

3. 大数据在教育评价中应用的挑战与展望

虽然大数据在教育评价中具有广泛的应用前景，但也面临着一些挑战，如数据收集和处理的技术难度、数据安全和隐私保护问题、数据分析人员的专业素养等。因此，在推广和应用大数据时，需要充分考虑这些因素，制订合理的策略和措施。

展望未来，随着技术的不断创新和进步，大数据在教育评价中的应用将更加深入和广泛。未来，可以期待大数据与教育教学的深度融合，为培养应用型人才提供更加科学化、个性化的评价和支持。

大数据在教育评价中的应用是教育信息化发展的必然趋势。通过充分利用大数据的优势，可以为教育评价提供更加科学、准确的依据，推动教育教学的变革与创新。

（三）VR 与 AR 在教学中的应用

随着科技的飞速发展，VR 与 AR（Augmented Reality，增强现实）技术逐渐进入教育领域，促使教学发生深刻的变革。这两种技术以其独特的交互性和沉浸感为学习者提供了全新的学习体验。

1. VR 在教学中的应用

VR 技术通过模拟三维环境为学习者提供了一个身临其境的学习空间。在教学中，VR 技术可以应用于以下几个方面。

（1）模拟实验。对于一些高风险、高成本的实验，如化学实验、物理实验等，VR 技术可以提供一个安全、经济的实验环境，让学习者在虚拟空间中自由操作，观察实验现象，从而加深对知识的理解。

（2）场景再现。在历史、地理等学科中，VR 技术可以再现历史事件、地理环境等场景，让学习者穿越时空，亲身体验历史文化的魅力。

（3）技能训练。在医学、军事等领域，VR 技术可以模拟手术操作、战斗场景等，帮助学习者在虚拟环境中进行技能训练，提高实际操作能力。

2. AR 在教学中的应用

AR 技术通过将虚拟信息叠加到真实世界中，为学习者提供了一个更加丰富、互动的学习环境。在教学中，AR 技术可以应用于以下几个方面。

（1）互动教学。AR 技术可以将抽象的概念、原理以直观、形象的方式呈现出来，如通过 AR 卡片展示三维立体结构，让学习者更加容易理解和掌握。

（2）游戏化学习。AR 技术可以将学习内容与游戏相结合，设计出具有趣味性和互动性的学习游戏，激发学习者的学习兴趣和动力。

（3）情境模拟。AR 技术可以在真实环境中叠加虚拟情境，如模拟外语对话场景、职场面试场景等，帮助学习者在模拟的情境中提高语言运用能力和职业素养。

3. VR 与 AR 在教学中应用的优势与挑战

VR 与 AR 技术的应用为教学带来了诸多优势，如能够提高学习者的学习兴趣和参与度、降低教学成本和风险、提高教学效果等。然而，这两种技术的应用也面临着一些挑战，如技术设备的成本和维护问题、教师的技术素养和培训问题、学习者的适应性和健康问题等。因此，在推广和应用 VR 与 AR 技术时，需要充分考虑这些因素，制订合理的策略和措施。

VR 与 AR 技术的应用显著提升了教学效果，但同时也面临一些挑战。VR/AR

技术教学应用效果如表 6-4 所示。

表 6-4　VR/AR 技术教学应用效果

优势/挑战	描述	数据/案例支持
优势：提高学习兴趣	VR/AR 的沉浸式体验极大地激发了学生的学习热情	据调查显示，引入 VR/AR 技术后，学生的课堂参与度提升了 90%
优势：降低教学成本	虚拟实验等材料有效减少了实体教学资源的消耗	某些化学实验室采用 VR 模拟实验后实验材料费用降低了 30%
挑战：技术设备成本	高质量的 VR/AR 设备价格昂贵，增加了技术设备成本	一套高端的 VR 设备的价格可达数万元
挑战：教师技术培训	教师需要接受专业培训以有效运用 VR/AR 技术进行教学	某高校为推广 VR/AR 教学，投入大量资源对教师进行技术培训

4. 展望与结论

随着技术的持续进步，VR 与 AR 在教学中的应用将更加广泛且深入。我们期待这两种技术与教育教学的进一步融合，为培养实践型人才提供更为创新、高效的教学模式。同时，也应关注教育资源的公平分配、学生健康保护及技术安全等问题，确保 VR 与 AR 能在教育领域中健康可持续发展。总体而言，VR 与 AR 技术将为教学带来全新的体验和无限可能。

三、信息技术对教学模式的变革与影响

随着信息技术的迅猛发展，传统教学模式正在经历深刻的变革。信息技术不仅为教学提供了更为丰富多样的手段和工具，还在改变着教与学的方式和关系。本部分将探讨信息技术如何推动教学模式的创新，分析其对教学过程的深远影响，以及如何更有效地利用信息技术提升教学质量和效率。通过具体案例和实践经验的分享，我们将一同见证信息技术在推动教育现代化进程中的重要作用。

（一）信息技术对教学方式的影响

随着信息技术的迅猛发展和普及，教育领域正经历着一场前所未有的变革。近年来，应用型本科院校积极引进和融合信息技术，不仅显著提升了教学效果，还为学生带来了更加多元化、个性化的学习体验。信息技术对教学方式的影响可谓深远，它不仅彻底改变了教学资源的获取和呈现方式，更推动了教学方法的创

新，引领教学走向更加高效、互动和个性化的新境界。

1. 教学资源的获取与呈现

在传统的教学模式中，教师往往只能依赖有限的纸质教材和简单的实物教具进行教学。然而，随着信息技术的引入，获取教学资源变得更加便捷和高效。在潍坊学院，教师们已经习惯通过互联网快速搜索、筛选和整合全球范围内的优质教学资源。这些资源不仅包括丰富的文字、图片资料，还有音视频等多媒体内容，极大地丰富了教学内容和形式。

多媒体技术的广泛运用使得教学资源的呈现更加生动、形象。教师们可以利用投影仪、电子白板等现代教学设备将教学内容以图文并茂、声像结合的方式展示给学生，从而有效激发学生的学习兴趣和积极性。这种直观、动态的教学方式不仅提高了学生的参与度，还使得抽象复杂的知识点变得更加易于理解和掌握。

2. 教学方法的创新

信息技术的发展为教学方法的创新提供了强大的动力。翻转课堂、混合式教学等新型教学模式在潍坊学院得到了广泛应用。这些模式充分利用了信息技术的优势，打破了时间和空间的限制，实现了线上线下相结合的教学。

在翻转课堂中，学生可以在课前通过在线视频、课件等自主学习新知识，而课堂时间主要用于讨论、实践和解决问题。这种教学方式不仅培养了学生的自主学习能力，还通过课堂互动和小组讨论等方式加强了学生之间的协作与交流。同时，教师也能够在课堂上针对学生的疑问和难点进行有针对性的解答与指导，从而提高教学效果。

混合式教学则结合了传统课堂和网络教学的优势，既保留了教师的主导作用，又充分发挥了学生的主体作用。在这种模式下，教师可以利用网络平台发布学习任务、提供在线资源和辅导，而学生可以根据自己的实际情况进行自主学习和在线交流。这种灵活多样的教学方式不仅满足了学生的个性化需求，还提高了学生的学习效果和满意度。

3. 个性化教学

信息技术的发展还为个性化教学提供了强大的支持。通过大数据分析、AI 等技术手段，教师可以更加深入地了解学生的学习习惯、兴趣爱好和知识掌握情况，从而制订出更加符合学生实际的教学方案。以潍坊学院为例，该校引入了智能教学系统以辅助实施个性化教学。该系统可以根据学生的答题情况、学习时长等数据实时分析学生的学习状态和需求，并为每个学生提供量身定制的学习路径和资源推荐。这种个性化的教学方式不仅满足了学生的不同需求，还提高了教学效果和学习效率。同时，个性化教学也体现了教育的人文关怀。通过关注每个学生的独特性和差异性，教师能够更加有针对性地提供帮助和指导，从而促进学生的全面发展。

4. 互动化教学

信息技术还为教学中的师生互动和生生互动提供了更加便捷、高效的渠道。通过各种互动平台、在线讨论区等工具，教师可以随时与学生进行交流、答疑和反馈，及时了解学生的学习动态和困难。这种即时的互动不仅加强了师生之间的联系和沟通，还使得教学更加贴近学生的实际需求。在潍坊学院，互动化教学已成为常态。教师们经常利用在线平台组织小组讨论、案例分析和角色扮演等活动，鼓励学生积极参与和分享自己的观点与经验。这种教学方式不仅激发了学生的学习兴趣和主动性，还提高了学生的参与度和满意度。同时，学生之间也可以通过在线协作、讨论和分享营造积极的学习氛围。

总的来说，信息技术对教学方式的影响是全方位的、深远的。它不仅改变了教学资源的获取和呈现方式，推动了教学方法的创新，还为个性化教学和互动化教学提供了强大的支持。未来随着技术的不断进步和应用范围的扩大，可以期待更加高效、个性化、互动化的教学方式的出现，为教育领域的持续发展和创新注入新的活力。

（二）信息技术对学习方式的影响

随着信息技术的飞速发展，教育领域正经历着一场深刻的学习方式的变革。信息技术不仅为学习者提供了更加丰富、多样的学习资源，还改变了学习者的学习方式和习惯，使学习变得更加自主、灵活和高效。

1. 学习资源的丰富与多样

信息技术为学习者带来了海量的学习资源，这些资源的丰富性和多样性远超以往。例如，在线课程平台的兴起，如中国大学 MOOC、网易云课堂等，提供了数以万计的高质量在线课程。这些课程涵盖了从基础科学到专业技能的各个方面，使得学习者可以根据自己的兴趣和需求进行选择。电子图书资源的增长也极为迅速，如今，京东读书、微信读书等平台提供了上千万册的电子书籍，而且很多是免费的，这为学习者提供了更多的阅读选择。此外，学术论文数据库的完善，如知网、万方等，使得研究者和学生可以轻松获取国内外最新的研究成果，促进了学术交流和知识创新。

2. 学习方式的变革

信息技术的进步推动了学习方式的深刻变革。传统的学习方式往往依赖纸质教材和固定的课堂时间，而信息技术的应用打破了这种限制。如今，学习者可以利用在线教育平台，如 B 站、腾讯课堂等，随时随地进行学习。这种灵活性不仅让学习更加便捷，还使得学习者能够根据自己的节奏和进度进行学习。同时，互动式学习工具的出现也极大地提升了学习的参与度和实效性。通过这些工具，学习者可以与教师进行实时交流和讨论，及时解决学习中的疑惑和问题。

3. 学习自主性的提升

信息技术还为自主学习提供了强大的支持。在线学习工具和平台，如扇贝单词、百词斩等，使得学习者可以根据自己的实际情况制订个性化的学习计划。学习者可以自主选择学习内容、设定学习进度，并通过这些工具来监控自己的学习情况。这种自主学习模式有助于培养学习者的自主意识和自我管理能力，激发他们的学习积极性和主动性。同时，这些工具还提供了丰富的学习资源和互动功能，帮助学习者更好地理解和掌握知识。

4. 学习效果的优化

信息技术还为学习者提供了更加科学、全面的学习评价方式。大数据分析技术的应用使得学习者可以及时了解自己的学习情况和进步程度。通过智学网、猿辅导等平台提供的学习数据分析功能，学习者可以清晰地看到自己的学习轨迹和成绩变化，从而发现学习中的问题和不足。这种及时的反馈机制有助于学习者调整学习策略和方法，优化学习效果。同时，教师也可以根据这些学习数据和反馈提供更加精准、个性化的学习指导和帮助。

5. 协作学习的兴起

信息技术的快速发展还促进了协作学习的广泛兴起。在线协作工具、社交媒体等平台为学习者提供了与来自不同地区、不同背景的其他学习者进行协作和交流的机会。例如，腾讯会议、钉钉等在线会议工具使得学习者可以轻松地组建学习小组或项目团队进行远程协作。这种协作学习方式不仅有助于培养学习者的团队协作精神和沟通能力，还能提高他们的综合素质和能力。在实际应用中，许多应用型本科院校的学生已经通过这种协作学习方式完成了跨地域、跨文化的项目合作和研究工作。

（三）信息技术对师生互动方式的影响

在教育领域，师生互动对于提升教学质量至关重要。信息技术的快速发展，不仅使师生交流变得更加多元化和高效，还促进了教育内容的深化和扩展。

1. 互动形式的多元化

传统的师生互动多局限于面对面的课堂交流，形式单一且受时空限制。信息技术的应用为师生互动提供了更加丰富多样的形式。例如，在线讨论区、即时通信工具、电子邮件等使得师生可以在任何时间、任何地点进行实时或非实时的互动。教师可以发布讨论话题，引导学生在线讨论，及时了解学生的想法和疑问；学生也可以通过这些平台向教师请教问题，获得及时的反馈和指导。这种多元化的互动形式不仅打破了时空限制，还增强了师生互动的频率和深度。

2. 互动效率的提升

信息技术在提高师生互动效率方面发挥着重要作用。传统的互动方式往往需要耗费大量的时间和精力，而信息技术的运用大大简化了这一过程。例如，教师可以通过在线测试系统快速了解学生的掌握情况，及时调整教学策略；学生可以通过在线学习平台自主查阅学习资料，解决学习中的疑惑。这些工具的应用不仅节省了师生的时间和精力，还提高了互动的效率和准确性。

3. 个性化互动的实现

信息技术还为个性化互动提供了可能。每个学生都有独特的学习风格和需求，传统的单一化教学模式难以满足学生的个性化需求。信息技术的应用使得教师可以根据学生的学习情况、兴趣爱好等因素为学生提供更加个性化的指导。例如，智能教学系统可以根据学生的学习数据推荐适合的学习资源和习题；教师可以通过社交媒体了解学生的动态，为学生提供更加贴心的关怀和帮助。这种个性化的互动方式有助于激发学生的学习兴趣和动力，提高学习效果。

4. 情感互动的增强

为了弥补线上交流可能带来的情感缺失，潍坊学院的教师经常利用视频通话与学生进行面对面的交流，同时还会定期组织线上线下联动的班级活动，如线上辩论赛、线下实践活动等，这些举措加深了师生间的情感联系，使得教学氛围更加和谐融洽。在某次线上辩论赛中，学生们积极发言，教师也参与其中，不仅锻炼了学生的思辨能力，还增进了师生间的了解与信任。这种情感上的交流与互动对于提高学生的学习积极性和教学效果具有显著影响。

第七章

应用型本科院校的实践教学体系

实践教学是应用型本科院校人才培养体系中的重要环节。本章将深入探讨应用型本科院校的实践教学体系，分析其在培养学生实际操作能力、创新思维及职业素养方面的关键作用。通过构建科学、系统的实践教学体系，院校能够更有效地将理论知识与实践操作相结合，从而培养出既具备扎实理论基础，又能解决实际问题的应用型人才。本章旨在为读者呈现一个完整、高效的实践教学框架，以期为应用型本科院校的教学质量提升提供参考与指导。

第一节 实践教学体系的构成与特点

实践教学体系是应用型本科院校人才培养的重要组成部分。该体系通过实习实训、项目驱动、产学研合作等方式，强化学生的实际操作能力和问题解决能力。其特点在于紧密对接行业需求，强调实用性，致力于培养具有高度实践能力和职业素养的应用型人才，以满足社会对专业人才的实际需求。

一、实践教学体系的构成

实践教学体系是高等教育中的重要组成部分，旨在培养学生的实践能力、职业素养和创新精神。该体系主要由实验教学、实训教学和实习教学 3 个关键环节构成。实验教学在体系中占据重要地位，通过直观、生动的实验活动，帮助学生内化理论知识、掌握相关技能，并培养学生的实践能力和创新精神。实训教学通过模拟真实工作环境和任务使学生能够在实践中锻炼职业技能，提升职业素养。实习教学是学生接触实际工作、提升实践能力和职业素养的重要环节，通过合理安排与管理能够有效提升学生的就业竞争力。

（一）实验教学

实验教学是应用型本科院校实践教学体系中的重要组成部分，具有不可替代的地位与作用。在培养应用型人才的过程中，实验教学不仅承担传授知识的任务，更致力于提升学生的实践能力和创新精神。

1. 实验教学的地位

实验教学是高等教育教学体系中至关重要的环节，对于培养应用型人才尤为关键。据统计，某些应用型本科院校中85%的学生表示通过实验教学更能深入理解和掌握理论知识。实验教学的实践性、操作性和探索性使其成为连接理论与实践的桥梁。例如，潍坊学院机械工程专业的学生通过实验课程将力学、材料学等理论知识应用于实际操作，以此来解决实际工程问题。

2. 实验教学的作用

（1）知识内化与技能培养。在潍坊学院化学工程专业的有机化学实验课程中，90%的学生能够通过实验操作将抽象的化学原理内化为实际操作技能，显著提高了他们的动手能力。

（2）实践能力与创新精神培养。以潍坊学院电子信息工程专业为例，学生在进行通信原理实验时，不仅需要自主设计实验方案，还需要解决实验过程中遇到的问题。这一过程有效提升了学生的实践能力，并激发了他们的创新思维。据统计，经过实验教学，该专业的学生参与科研项目的比例提升了30%。

（3）职业素养与团队协作能力培育。在实验教学中，学生往往需要分组合作完成任务。例如，在潍坊学院软件工程专业的项目实训课程中，学生需模拟真实的软件开发环境，进行团队协作。这不仅培养了学生的职业素养，还提升了他们的团队协作能力。课程结束后，80%的学生表示更加了解软件开发流程，团队协作能力得到显著提升。

（4）促进理论与实践相结合。在环境工程专业的水处理实验课程中，学生通过实际操作污水处理设备，不仅验证了理论知识，还发现了实际操作中的新问题，为理论研究提供了新的思路。这种理论与实践的紧密结合让学生的学习变得更加深入和全面。

综上所述，实验教学在应用型本科院校中具有不可替代的地位与作用。通过实验教学，学生不仅能够巩固理论知识，还能提升实践能力、培养创新精神、提高职业素养和团队协作能力。因此，院校应持续优化实验教学内容和方法，以适应社会对高素质应用型人才的需求。

（二）实训教学

通过模拟真实的工作环境和任务，学生能够在实践中掌握职业技能、提升职业素养。以下将详细探讨实训教学的组织与实施。

1. 实训教学的组织

（1）明确实训目标。在组织实训之前，首先要明确实训的具体目标和任务。例如，计算机软件开发实训课程的目标是使学生能够熟练掌握软件开发流程，并了解行业内最新的开发技术和工具。这确保了实训内容与专业培养目标、课程要求及当前 IT 行业的需求紧密相连。

（2）制订实训计划。根据实训目标制订详细的实训计划，包括实训时间、地点、人员安排、所需设备等，确保实训过程有条不紊地进行，如表 7-1 所示。

表 7-1 实训计划表示例

实训阶段	时间安排	主要内容
第一阶段	第 1~2 周	需求分析与设计
第二阶段	第 3~5 周	编程实现与单元测试
第三阶段	第 6~7 周	集成测试与系统测试
第四阶段	第 8 周	项目总结与答辩

（3）组建实训团队。实训教学需要专业化的教师团队来指导和管理。因此，要组建一支具备丰富实践经验和教学能力的实训团队，为学生提供高质量的指导和服务。

2. 实训教学的实施

（1）创设实训环境。根据实训计划创设贴近真实工作环境的实训场所，包括模拟实验室、实训室、实习基地等，为学生提供身临其境的实践体验。

（2）实施任务导向教学。在实训过程中，采用任务导向的教学方法，引导学生通过完成具体任务来掌握相关知识和技能。这种方法能够激发学生的学习兴趣和积极性，提高实训效果。

（3）注重过程指导与反馈。实训教师要密切关注学生的实训过程，及时给予指导和反馈。通过现场示范、个别辅导、小组讨论等方式，帮助学生解决实训中遇到的问题和困难。

（4）强化技能训练与职业素养培育。在实训教学中，要注重对学生职业技能的训练和职业素养的培育。通过反复练习、模拟操作等方式，提高学生的技能熟练度和准确性；同时，通过模拟职场环境、引入企业文化等方式，培养学生的职业素养和团队协作精神。

（5）完善实训评价体系。为了确保实训效果，要建立一套完善的评价体系。该体系不仅要涵盖学生的技能掌握情况、项目完成情况等硬指标的评估，还要包括团队协作能力、问题解决能力等软技能的评估。这种全方位的评价方式能够更客观地反映学生的实训效果，并为后续的教学改进提供有力的数据支持。

（三）实习教学

实习教学对于提升学生的实践能力、职业素养和就业竞争力具有举足轻重的作用。因此，合理安排与高效管理实习教学显得至关重要。

1. 实习教学的安排

（1）根据专业特色和行业需求，精心设计实习计划。以计算机专业为例，潍坊学院明确了实习旨在强化学生的编程与项目管理能力，为此筛选出技术前沿、项目经验丰富的 IT 企业作为合作对象。实习计划细化到每周的学习目标和技能要求，确保学生能在实习期间系统提升专业技能。

（2）在确定实习单位方面，潍坊学院与多家知名 IT 公司，如华为、腾讯等，建立了稳固的合作关系。这些企业不仅技术领先，而且提供了良好的实践和学习环境。2024 年，潍坊学院有 300 名学生进入企业实习且获得良好评价。

（3）在分配实习任务时，强调任务的实际应用性和挑战性。例如，在软件开发公司实习的学生需要参与到真实的项目开发中，完成特定模块的设计和编码，这样的实战经验对他们未来的职业生涯大有裨益。

2. 实习教学的管理

（1）为确保实习顺利进行，需要制订一套详尽的实习教学管理制度。该制度涵盖实习准备、过程监控、成果评价等多个环节，能够为学校、企业、教师和学生提供明确的行动指南。

（2）加强指导教师队伍建设，选拔具有丰富实践经验和良好教学能力的教师担任实习指导教师。同时，邀请企业骨干、行业专家等共同参与实习指导，形成校企合力的指导模式。

（3）在实习过程中，通过多种方式密切跟踪学生的实习进展，如定期的线上汇报、实地探访等。这不仅能够确保学生实习的有效性，也能及时解决学生在实习中遇到的问题。

（4）实习结束后，组织学生进行成果汇报，并邀请行业专家进行现场点评。通过综合评价学生的实习表现，给予相应的学分和奖励，激励他们在未来的学习和工作中更加出色。

（5）每次实习周期结束后，收集学生、企业和指导教师的反馈，对实习方案进行迭代优化。例如，根据2022年的反馈，潍坊学院增加了大数据分析的实践内容，以更好地适应行业发展趋势。

二、实践教学体系的特点

实践教学体系在应用型人才培养中占据核心地位，其特点显著且相互关联。首先，该体系实践性与应用性突出，注重将理论知识转化为实践操作能力，紧密围绕行业需求展开，确保学生所学与职业岗位无缝对接。其次，系统性与层次性相结合，实践教学环节层层递进，从基础技能训练到专业素养提升，形成了完整且有序的教学体系。最后，开放性与创新性并重，通过资源共享、内容更新和互动教学等方式保持体系的活力与前瞻性，同时鼓励学生培养创新思维与实践能力。这些特点共同构成了实践教学体系的独特优势，为应用型本科院校培养高素质人才提供了坚实支撑。

（一）实践性与应用性突出

1. 实践性的强调

实践教学体系以实践为基础，注重学生将所学理论知识转化为实际操作能力的过程。在这一体系中，实验教学、实训教学、实习教学等各个环节都紧密围绕实践操作展开，让学生在亲身实践中掌握职业技能、提升职业素养。这种实践性的强调有助于打破传统教育中理论与实践相脱节的弊端，使学生能够在学中做、做中学，真正将所学知识内化为自身的能力。

实践教学体系的基础是实践，旨在帮助学生将理论知识转化为实际操作能力。实践教学环节的简要概览如表 7-2 所示。

表 7-2 实践教学环节的简要概览

序号	实践教学环节	内容描述
1	实验教学	通过实验验证理论，培养学生动手能力和科学思维
2	实训教学	模拟真实工作场景，进行职业技能训练
3	实习教学	在企业或行业实地操作，深化理论与实践的结合

2. 应用性的凸显

与应用型人才培养目标相契合，实践教学体系的应用性特点也十分鲜明。在实践教学过程中，无论是实验设计、实训项目选择还是实习内容安排，都紧密围绕行业需求和职业岗位实际展开。这种以应用为导向的教学模式能够使学生在学习过程中更加关注知识的实际运用价值，培养他们运用所学知识解决实际问题的能力。同时，通过与行业企业的紧密合作，实践教学体系还能够及时将最新的行业技术、工艺和管理理念引入课堂，保持教学内容的时效性和前沿性。

3. 实践性与应用性的融合

在实践教学过程中，实践性与应用性是相互融合、相互促进的。一方面，通过实践操作，学生能够更加深入地理解所学知识在实际中的应用价值；另一方面，随着对行业企业实际需求的了解不断加深，学生又能够更加有针对性地提升自己的实践操作能力和职业素养。这种实践性与应用性的融合不仅能够提高学生的学习兴趣和积极性，还能够为他们的未来职业发展奠定坚实的基础。

4. 实践教学体系对应用型人才培养的支撑作用

实践性与应用性突出的实践教学体系在应用型人才培养中发挥着重要的支撑作用。通过这一体系的培养，学生能够更加深入地了解行业企业的实际运作情况，掌握职业岗位所需的基本技能和职业素养。同时，他们还能够在实际操作中不断发现问题、解决问题，提升自己的创新意识和创新能力。这些能力的提升将有助于他们在未来的职业发展中更加从容地应对各种挑战。

（二）系统性与层次性相结合

1. 系统性特点

实践教学体系是一个有机整体，其系统性特点十分鲜明。以工科专业为例，该专业的实践教学体系涵盖了基础实验教学、专业技能实训及企业实地实习等多个环节。这些环节紧密相扣，形成了一个从理论到实践的完整链条。在这个链条中，每个环节都承载着特定的教育目标，共同助力学生逐步掌握核心知识和技能。此外，潍坊学院的实践教学体系与理论教学深度融合。例如，在机械工程专业中，学生首先在课堂上学习机械设计原理，其次在实验室进行机械部件的设计和制作，最后在企业参与真实项目的开发和实施。这种理论与实践的紧密结合使学生在实践中深化了对理论知识的理解，并培养了解决实际问题的能力。

2. 层次性特点

实践教学体系的层次性在潍坊学院也得到了充分体现。以计算机专业为例，初级阶段，学生主要进行基础编程实验，培养基本的编程能力；中级阶段，学生进行软件开发实训，提升专业技能；高级阶段，学生会进入企业实习，参与真实的软件开发项目。这种由浅入深的实践教学设计不仅符合学生的认知发展规律，还有助于学校因材施教。学校根据学生的学习进度和能力灵活调整实践教学的内容与难度，确保每个学生都能在适合自己的层次上得到提升。

3. 系统性与层次性的结合

在应用型本科院校中，实践教学体系的系统性与层次性得到了完美的结合。系统性确保了实践教学的连贯性和完整性，而层次性提供了个性化的学习路径。以电子商务专业为例，潍坊学院首先通过系统性的实践教学使学生全面了解电子商务的各个环节，然后根据学生的兴趣和专长分层次进行深化学习，如有的学生专注于网络营销，有的则偏向于数据分析。这种结合方式既保证了实践教学的全面覆盖，又满足了学生的个性化需求。

（三）开放性与创新性并重

开放性与创新性相互促进，共同推动着实践教学体系的完善与发展，为培养具有创新精神和实践能力的高素质人才提供了有力保障。

1. 开放性特点

实践教学体系的开放性主要体现在以下几个方面：一是教学资源的开放共享，通过校企合作、产学研结合等方式，充分利用社会资源和行业优势，为学生提供更加广阔的实践学习平台；二是教学内容的开放多元，根据行业发展和技术更新情况及时调整实践教学内容与方式，确保学生能够接触到前沿的知识和技术；三是教学过程的开放互动，鼓励学生积极参与实践教学过程，提出自己的见解和想法，与教师和企业导师进行深入的交流与探讨。

开放性的实践教学体系有助于打破传统教育模式的束缚，激发学生的学习兴趣和积极性，培养他们的自主学习能力和创新精神。同时，开放性还能够促进学校与社会的紧密联系，推动实践教学与行业需求的有效对接，提高人才培养的针对性和适应性。

2. 创新性特点

实践教学体系的创新性主要体现在以下几个方面：一是教学理念的创新，强调以学生为中心，关注学生的全面发展和个性需求，注重培养学生的创新意识和实践能力；二是教学方法的创新，采用项目式、案例式、探究式等多样化的教学方法，引导学生在实践中发现问题、解决问题，提高他们分析问题和解决问题的能力；三是教学手段的创新，利用现代信息技术和网络技术构建虚拟实验室、在线实训平台等新型实践教学环境，为学生提供更加便捷、高效的学习体验。

创新性的实践教学体系有助于激发学生的学习兴趣和创造力，培养他们的创新思维和实践能力。同时，创新性还能够推动实践教学体系不断完善和发展，从而提高人才培养的质量和水平。

3. 开放性与创新性的结合

在实践教学体系中，开放性和创新性是相互依存、相互促进的。开放性为创新性提供了广阔的空间和丰富的资源，使实践教学能够紧跟行业发展和技术更新步伐；创新性则能够推动开放性向更深层次、更广领域拓展，使实践教学体系更加完善、更加适应人才培养需求。

第二节　校内外实践教学基地的建设

校内外实践教学基地的建设是应用型本科院校人才培养的重要环节。通过与企业、行业合作建立实践教学基地，为学生提供真实的职业环境和实践机会，有助于提升学生的实践能力和职业素养。这种校企合作模式不仅促进了理论与实践的结合，还为学生未来的职业发展奠定了坚实基础。

一、校内实践教学基地的建设

在制订人才培养规格时，应用型本科院校需充分考虑实践教学的特点和要求。人才培养规格的制订是教育教学活动的基础，它决定了学生应具备的知识、技能和素养，以及未来职业发展的方向。对于实践教学而言，人才培养规格的制订必须紧密结合行业需求，注重学生实践能力和创新精神的培养。

（一）实验室与实训中心的建设规划

实验室与实训中心作为院校实践教学的重要基地，不仅关系到学校实践教学的质量和效果，还直接影响到学生实践能力和创新精神的培养。因此，在制订实验室与实训中心的建设规划时，需要充分考虑以下几个方面。

1. 建设目标和定位

首先，要明确实验室与实训中心的建设目标和定位。根据学校的办学特色、专业设置和人才培养目标，确定实验室与实训中心的建设方向和发展重点。同时，还要结合行业发展和技术更新趋势确保实验室与实训中心的建设具有前瞻性和先进性。

2. 场地和设施建设

实验室与实训中心的场地和设施建设是规划中的重要内容。要根据实验教学和实训教学的需要合理规划实验室与实训中心的布局，确保各个功能区域划分合理、使用便捷。同时，还要注重实验室与实训中心的设施建设，包括实验台、仪器设备、教学用具等，确保这些设施能够满足实践教学的需要。

3. 教学团队建设

实验室与实训中心的教学团队建设也是规划中的重要一环。要加强实验教师和实训指导教师的选拔与培养,提高他们的专业素养和实践教学能力。同时,积极引进具有丰富实践经验和行业背景的专家与企业导师,共同参与实验室与实训中心的教学工作,为学生提供更加贴近实际的实践学习体验。

4. 教学资源整合

应用型本科院校实验室与实训中心的教学资源整合,旨在优化资源配置,提升实践教学水平。具体措施包括:一方面,对现有的实验室和实训中心进行梳理,明确各实验室的功能定位,避免资源重复建设。通过整合,形成涵盖基础实验、专业实训、创新实践等多层次的实践教学体系,满足学生不同阶段的学习需求。另一方面,加强与企业、行业的合作,引入先进的设备和技术,共建共享实训基地。这不仅丰富了教学资源,还使学生能接触到真实的工作场景,提高实践能力和职业素养。同时,建立完善的实验室与实训中心管理制度,确保资源的高效利用和安全管理。通过定期评估和维护,保持教学设备的良好状态,为实践教学提供有力保障。综上所述,应用型本科院校实验室与实训中心的教学资源整合有助于提升学生的实践能力,为社会培养更多高素质的应用型人才。

5. 管理与运行机制

应用型本科院校实验室及实训中心的管理与运行机制注重实践和创新。实验室管理强调资源整合与开放共享,通过统一调配资源,确保高效利用,同时面向全校学生开放,扩大了受益面。实训中心则采用集中管理模式,由教学部门或挂靠教学部门主管,统筹协调实践教学运行和实验设备使用,实现资源优化配置与共享。在运行机制上,注重师资队伍建设与培训,通过制定详细的管理制度和工作流程,确保实训活动的有序进行,同时加强质量监控与保障体系构建,提升实践教学质量。

(二)实践教学资源的整合与优化

通过有效整合校内外的实践教学资源,并进行优化配置,可以为学生提供更加丰富、多样的实践学习机会,促进实践教学与职业能力培养的有机对接。

1. 实践教学资源的整合

实践教学资源的整合是指将学校内部各个实践教学环节所涉及的资源，以及外部企业、行业等的实践教学资源进行有效整合，形成一个资源共享、优势互补的实践教学资源体系。具体来说，可以从以下几个方面入手。

（1）校内实践教学资源的整合。将学校内部的实验室、实训中心、实习基地等实践教学资源进行统筹规划，打破部门壁垒，实现资源共享。同时，加强不同专业、不同课程之间的实践教学资源整合，形成跨学科、跨课程的实践教学平台。

（2）校外实践教学资源的整合。积极与企业、行业等外部资源进行合作，共同开发实践教学项目和课程。通过校企合作、产学研结合等方式，引入企业真实项目、案例和行业标准，为学生提供更加贴近实际的实践学习体验。

（3）虚拟实践教学资源的整合。利用现代信息技术和网络技术，构建虚拟实验室、在线实训平台等虚拟实践教学环境。通过整合各类虚拟实践教学资源，为学生提供更加便捷、高效的在线实践学习机会。

2. 实践教学资源的优化

实践教学资源的优化是指在整合资源的基础上根据实践教学的需要和学生发展的需求对实践教学资源进行合理配置与优化。具体来说，可以从以下几个方面入手。

（1）优化实践教学资源配置。根据实践教学的目标和要求合理配置实践教学资源，确保各项实践教学活动能够顺利开展。同时，注重实践教学资源的更新和维护，保持先进性和适用性。

（2）提高实践教学资源使用效率。通过加强实践教学管理、完善实践教学评价体系等措施提高实践教学资源的使用效率。加强对实践教学过程的监控和管理，确保各项实践教学活动能够有序进行并取得实效。

（三）校内实践教学基地的运行机制

校内实践教学基地在应用型本科院校中占据着举足轻重的地位，它不仅承载着实践教学的重要任务，更是培养学生实践能力和职业素养的关键场所。其运行机制的优劣直接关系到实践教学活动的有序开展及教学质量的稳步提升。因此，构建一个科学合理且高效的校内实践教学基地运行机制对于提升教育质量、培养学生综合能力具有深远的意义。

1. 组织管理机制

为确保实践教学的顺利进行，校内实践教学基地必须构建完善的组织管理机制。这一机制的核心在于明确各级管理层的职责与权限，形成层级分明、责任明确的管理架构。院校应设立专门的实践教学管理部门，该部门不仅负责制订全面的实践教学计划，还需对实践教学资源进行合理配置，对教学过程进行严格监控，并对教学效果进行科学评估。同时，各学院和专业也需设立相应的实践教学管理机构，这些机构将具体负责本院、本专业的实践教学规划与实施。此外，建立由校内外专家、企业导师等组成的实践教学指导委员会也是至关重要的，它们将为实践教学提供宝贵的指导和咨询，确保教学内容与行业需求紧密相连。

2. 教学运行机制

为了满足不同专业和课程的实践教学需求，校内实践教学基地应建立灵活且多样化的教学运行机制。首先，必须制订详尽的实践教学大纲和教学计划，明确各阶段的教学目标、内容、方法及评价标准。在实践教学过程中，要加强过程管理，确保每项教学活动都能按计划有序进行。同时，对学生的实践学习成果进行全面、客观的评价也是必不可少的，这需要建立一个以学生为主体的多元评价体系，该体系应涵盖知识掌握、技能运用、团队协作、创新能力等多个方面。

3. 资源共享机制

为了提高资源利用效率，校内实践教学基地应建立有效的资源共享机制。院校需对实践教学资源进行统筹规划，打破部门之间的壁垒，实现资源的优化配置和共享利用。各学院、专业之间应加强沟通与协作，共同开发具有创新性和实用性的实践教学项目与课程，从而形成资源共享、优势互补的良好局面。此外，院校还应积极寻求与企业、行业等外部资源的合作，共同打造实践教学平台。

4. 师资队伍建设机制

校内实践教学基地的成功运行离不开一支高素质、专业化的师资队伍。因此，建立稳定的师资队伍建设机制至关重要。同时，积极引进具有丰富实践经验与深厚行业背景的专家和企业导师也是提升师资队伍整体水平的重要途径。这些外部专家的加入不仅可以为实践教学注入新的活力和思路，还能为学生提供更为广阔的视野和实践机会。为了激发教师的工作热情和创新能力，院校还应建立完善的激励机制，鼓励教师积极参与实践教学改革和研究工作，从而不断提升实践教学的质量和水平。

5. 质量监控与保障机制

为了确保实践教学的质量和效果达到预期目标，校内实践教学基地必须建立完善的质量监控与保障机制。院校应定期对实践教学进行质量监控和评估，通过定期检查、专项评估及学生反馈等多种方式及时发现并解决问题。同时注重对实践教学成果的总结和推广，将优秀的教学案例和经验进行分享与交流，从而发挥示范引领作用。此外，还应建立畅通的实践教学信息反馈渠道，及时了解学生的需求和意见，以便对实践教学进行持续改进和优化。

综上所述，通过构建科学合理且高效的运行机制，可以为学生提供更加丰富多彩的实践学习机会，并促进实践教学和职业能力培养的深度融合与发展。这将有助于提升学生的综合素养和职业能力，为他们未来的职业发展奠定坚实的基础。

二、校外实践教学基地的建设

院校校外实践教学基地的合作模式主要体现为校企合作。通过与企业签订协议，建立密切的合作关系，共同构建校外实践教学基地。这种合作模式不仅为学生提供了真实的实践场所，还融入了职业教育，有效培养了大学生的综合职业素质和能力。同时，学校与企业通过互相兼职、共建共管实训基地，实施了双向培养、"订单"培养及三阶段培养模式，进一步增强了实践教学效果。此外，院校还聘请企业专家作为创新创业导师，为学生开展创新创业实践提供指导、培训与咨询等服务，形成了产学研一体化的教育环境。

（一）校企合作框架下的实践教学

通过学校与企业的紧密合作，共同构建实践教学平台，为学生提供真实、贴近职业环境的实践学习机会。校企合作框架下的实践教学旨在培养学生的职业技能、职业素养和创新能力，提高学生的就业竞争力和社会适应能力。

1. 校企合作的意义与优势

院校的校企合作意义重大，优势显著。其意义在于，通过学校与企业的深度合作，能够实现教育链、人才链与产业链、创新链的有效衔接，为学生提供更为真实的实践环境和职业体验，增强学生的就业竞争力。其优势则体现在，企业能为学生提供实习实训岗位，使学生提前适应职场环境；学校能借助企业资源，优化课程设置，提高教学质量；双方合作开展科研项目，促进技术创新和成果转化。此外，校企合作还能推动产学研深度融合，为区域经济发展提供人才支持和智力支撑。总之，校企合作是应用型本科院校提升教育质量、增强学生就业能力、服务经济社会发展的重要途径。

2. 校企合作实践教学的实施方式

（1）共同制订实践教学计划。学校与企业应根据行业动态和人才需求共同规划实践教学大纲。例如，IT 企业根据当前软件开发趋势向学校提出了加强大数据和云计算实践教学的建议。

（2）共建实践教学基地。除了传统的校内实验室，学校还可以与企业联手打造校外实践教学基地。这些基地往往配备有先进的行业设备和技术，能让学生接触到最真实的职业环境。

（3）共同开展实践教学活动。企业应派遣经验丰富的技术人员参与到实践教学中来，他们不仅能提供宝贵的行业见解，还能指导学生进行实际操作。同时，学校教师也可以通过到企业挂职锻炼的方式不断更新自己的知识储备和实践经验，从而更好地服务于实践教学。这种双师制的教学模式无疑将大大提升实践教学的质量。

（二）产学研结合的实践教学平台

产学研结合将产业、教学和科研紧密结合起来，构建一个集实践教学、技术研发和成果转化于一体的综合平台。这种平台不仅可以为学生提供更加广阔的实践学习空间，还可以推动企业的技术创新和产业升级，实现教育与产业的深度融合。

1. 产学研结合实践教学平台的意义

构建产学研结合实践教学平台是应用型人才培养的重要途径。通过该平台，学生可以直接参与到企业的实际项目和研发活动中，了解行业的最新动态和技术前沿，提升其实践能力和创新能力。同时，企业也可以借助学校的科研力量和人才资源加快技术研发与成果转化，提高企业的核心竞争力。

2. 产学研结合实践教学平台的构建

（1）共建研发机构。学校与企业可以共同建立研发机构，如实验室、研究中心等，作为产学研结合实践教学平台的重要载体。这些研发机构应明确研究方向和目标，结合企业的实际需求开展有针对性的技术研发和创新活动。

（2）共同开展项目合作。学校与企业应共同开展项目合作，将实践教学与企业的实际项目相结合。企业可以提出具体的项目需求和技术难题，学校则组织教师和学生进行攻关，共同完成项目任务。通过这种方式，学生可以在实践中学习和掌握相关知识技能，企业也可以获得技术支持和人才储备。

（3）共享资源与信息。学校与企业应实现资源共享和信息互通。学校可以向企业提供先进的实验设备、图书资料等教学资源，企业则可以向学校提供行业动态、市场需求等信息资源。双方还应定期举办交流会、研讨会等活动，加强沟通与协作，共同推动产学研结合实践教学平台的发展。

3. 产学研结合实践教学平台的运行机制

为确保产学研结合实践教学平台的顺利运行，应建立相应的运行机制。首先，应明确双方的责任和义务，签订合作协议，确保合作的稳定性和长期性。其次，应建立项目管理机制，对合作项目进行全程跟踪和管理，确保项目的顺利进行和高质量完成。最后，应建立成果共享机制，对合作产生的技术成果和知识产权进行合理分配与共享，实现双方利益的最大化。

4. 产学研结合实践教学平台的保障措施

为确保产学研结合实践教学平台的有效实施，还需要采取一系列保障措施。首先，应加强对实践教学活动的组织和管理，确保各项实践教学活动能够有序进行并取得实效。其次，应加大对实践教学平台的投入和支持力度，提高实践教学的条件和质量。最后，应建立激励机制和评价体系，鼓励教师和企业人员积极参与实践教学工作并作出贡献。

（三）校外实践教学基地的管理与维护

校外实践教学基地对于应用型本科院校而言，是连接学校与企业、理论与实践的桥梁。为确保其高效、安全地运行，管理与维护工作显得尤为重要。

1. 校外实践教学基地的管理

建立完善的管理机制，成立专门的管理机构负责制订校外实践教学基地的管理制度、发展规划和年度工作计划，并组织实施。同时，应建立与学校和企业之间的沟通协调机制，及时解决合作过程中出现的问题。

（1）加强实践教学过程管理。应制订详细的实践教学大纲和教学计划，明确教学目标、教学内容和教学方法。在教学过程中，应加强对学生和教师的管理与指导，确保实践教学活动的顺利进行。

（2）强化安全管理。应建立健全安全管理制度，加强对实践教学基地的安全检查和隐患排查。同时，应加强对学生的安全教育和培训，提高学生的安全意识和自我保护能力。

2. 校外实践教学基地的维护

（1）加强设备设施的维护与管理。应定期对实践教学基地的设备设施进行检查、维修和更新，确保其正常运转和满足教学需求。同时，应建立设备设施使用登记制度，加强对设备设施的管理和保护。例如，2022年潍坊学院及时发现并更换了一台老化的数控机床，避免了设备故障导致的教学中断。

（2）加强与企业的合作和交流。应定期与企业进行沟通和交流，了解企业的最新动态和技术发展，及时调整实践教学内容和教学方法。同时，应积极参与企业的技术研发和成果转化活动，推动产学研深度融合。

（3）加强师资队伍建设。应加强对实践教学基地教师的培训和管理，提高教师的教学水平和职业素养。同时，应积极引进企业优秀技术人员和管理人员担任兼职教师，丰富实践教学内容和教学方法。

第三节　实践教学与职业能力培养的对接

实践教学与职业能力培养的对接是应用型本科院校人才培养的核心环节。通过实践教学，学校将理论知识与实际操作相结合，着重培养学生的专业技能和职业素养。这种对接不仅有助于学生更好地理解并掌握所学知识，还能提升他们的就业竞争力，为未来的职业发展打下坚实的基础。

一、实践教学对职业能力培养的支撑作用

实践教学在职业能力培养中发挥着重要的支撑作用。它通过模拟真实的工作环境让学生在实际操作中学习和掌握相关技能,从而提升学生的职业技能、培育学生的职业素养及激发学生的创新能力。实践教学注重培养学生的动手能力和解决问题的能力,更加符合现代企业对人才的需求。同时,通过情境模拟、角色扮演及规范引导等方式,实践教学有助于学生形成良好的职业素养,如职业道德、职业态度和职业行为等。此外,实践教学还以问题导向的学习和实践中的探索与发现为手段,激发学生的创新能力。通过设计创新性的实践项目、培养学生的自主性与创造性及提供充足的实践资源等策略,实践教学有效地培养了学生的创新意识、创新精神和创新能力。众多应用型本科院校的实践教学案例表明,这种教学方式在提升学生的职业能力方面取得了显著成效。

(一)实践教学对职业技能的提升

实践教学是应用型本科院校教育体系中的重要环节,尤其对于职业技能的提升具有显著作用。在当前社会,企业对于人才的职业技能要求越来越高,而实践教学正是提升学生职业技能、缩短学校与企业之间距离的有效途径。

1. 实践教学与职业技能的内在联系

实践教学通过模拟真实的工作环境让学生在实际操作中学习和掌握相关技能。通过这种教学方式,学生不仅可以更加直观地理解理论知识,而且能够在实践中不断磨炼和提升自己的职业技能。

2. 实践教学在职业技能提升方面的优势

(1)真实性与实用性。实践教学通常基于真实的工作场景和项目,使学生能够接触到实际工作中可能遇到的问题和挑战。这种真实性不仅提高了学生的学习兴趣和参与度,而且使所学的技能更加实用、更贴近企业需求。

(2)操作性与实践性。实践教学强调学生的动手操作和实践应用。通过反复练习和不断调整,学生可以熟练掌握各种职业技能,并逐渐形成自己的操作经验和技巧。

(3)反馈与指导。在实践教学过程中,教师和学生之间可以进行实时的反馈

与指导。教师可以根据学生的操作情况和表现给予针对性的建议与指导，帮助学生及时纠正错误、提高技能水平。

3. 实践教学在职业技能提升方面的实施策略

（1）优化实践教学内容。应根据行业发展和企业需求不断优化实践教学内容，确保所教授的技能与市场需求相匹配。同时，应注重教学内容的更新和拓展，及时引入新技术、新工艺和新方法。

（2）加强实践教学师资队伍建设。积极引进企业优秀技术人员和管理人员参与实践教学工作，为学生提供更加专业、更加实用的指导。

（3）完善实践教学评价体系。应建立完善的实践教学评价体系，对学生的职业技能进行全面、客观的评价。同时，应注重评价结果的反馈和应用，帮助学生及时了解自己的技能水平和提升方向。

4. 实践教学在职业技能提升方面的案例与成效

许多应用型本科院校已经成功地将实践教学应用于职业技能的提升中，并取得了显著的成效。例如，一些院校与企业合作建立了实训基地，让学生在真实的工作环境中进行实践操作；一些院校开设了以项目为驱动的实践课程，让学生在完成项目的过程中提升职业技能；一些院校通过举办技能大赛等活动，激发学生的实践兴趣和热情。这些实践教学的案例有效提升了学生的职业技能水平。

（二）实践教学对职业素养的培育

职业素养是现代职场中不可或缺的重要素质，包括职业道德、职业态度、职业行为等多个方面。

1. 实践教学与职业素养的内在联系

实践教学通过模拟真实的工作环境和任务，让学生在实践中体验职业角色，了解职业规范，形成正确的职业观念和态度。这种教学方式使学生更加深入地理解职业素养的内涵和要求，从而在日常学习和生活中更加注重职业素养的培育与提升。

2. 实践教学在职业素养培育方面的优势

（1）情境模拟与角色扮演。实践教学通过情境模拟和角色扮演的方式让学生身临其境地感受职场氛围，了解各种职业角色的责任和义务。这种教学方式有助于学生形成正确的职业观念和道德意识。

（2）规范引导与行为养成。在实践教学过程中，教师可以根据职业规范和要求对学生的行为进行引导与纠正。通过长期的实践锻炼，学生可以逐渐养成良好的职业行为习惯和职业素养。

（3）团队协作与沟通能力培养。实践教学通常以小组或团队的形式进行，要求学生之间相互协作、共同完成任务。这种教学方式有助于培养学生的团队协作精神和沟通能力，提高他们在职场中的适应性和竞争力。

3. 实践教学在职业素养培育方面的实施策略

（1）强化职业素养教育。在实践教学过程中，应注重职业素养教育的渗透和融入，可以通过案例分析、讲座、研讨会等方式加强对学生的职业素养教育和引导。

（2）明确职业规范和要求。在实践教学过程中，应明确告知学生各种职业规范和要求，如职业道德、职业礼仪、职业行为准则等。同时，应注重对学生的行为进行监督和评价，确保他们符合职业规范和要求。

（3）加强实践教学师资队伍建设。应加强对实践教学教师的培训和管理，提高他们的职业素养和教学水平。同时，应积极引进具有丰富实践经验和良好职业素养的企业人员参与实践教学工作。

4. 实践教学在职业素养培育方面的案例与成效

许多应用型本科院校已经成功地将实践教学应用于职业素养的培育中，并取得了显著的成效。例如，一些院校通过开设职业素养课程、组织职业素养讲座等方式，提高学生的职业素养意识；一些院校通过与企业合作开展实践教学活动，让学生在实践中亲身体验职场规范和职业素养要求；一些院校通过设立职业素养评价体系，对学生的职业素养进行全面、客观的评价和反馈。这些实践教学的案例有效提升了学生的职业素养水平。

（三）实践教学对创新能力的培养

在当前快速发展的社会中，创新能力已成为衡量人才质量的重要标准之一。实践教学作为一种与实际应用紧密结合的教学方式，对于培养学生的创新能力具有不可替代的作用。

1. 实践教学与创新能力的内在联系

实践教学通过提供真实或模拟的工作环境使学生能够将所学理论知识应用于实际问题的解决中。这种教学方式鼓励学生主动探索、勇于尝试，从而培养他们的创新意识和创新能力。同时，实践教学中的多样性和复杂性也有助于激发学生的创造性思维，使他们在面对新问题时能够灵活应对、提出创新性的解决方案。

2. 实践教学在创新能力培养方面的优势

（1）问题导向的学习。实践教学通常以解决实际问题为出发点，引导学生主动思考和探索。这种问题导向的学习方式有助于培养学生的创新思维和解决问题的能力。

（2）实践中的探索与发现。在实践教学过程中，学生有机会亲自动手操作、观察现象、分析结果。这种实践中的探索与发现有助于激发学生的好奇心和求知欲，进而促进他们创新能力的培养。

（3）合作与交流的平台。实践教学通常以小组或团队的形式进行，为学生提供了合作与交流的平台。在合作中，学生可以相互启发、碰撞思想，从而激发创新火花。

3. 实践教学在创新能力培养方面的实施策略

（1）设计创新性的实践项目。教师应结合课程内容和行业发展趋势，设计具有创新性的实践项目。这些项目应具有一定的挑战性和探索性，能够激发学生的创新欲望。

（2）培养学生的自主性与创造性。在实践教学过程中，教师应注重培养学生的自主性和创造性。可以鼓励学生自行设计实验方案、选择实验方法，并对实验结果进行独立分析和解释。

（3）提供充足的实践资源。院校应提供充足的实践资源，包括实验室设备、实训中心、校外实践基地等。这些资源应能够满足学生进行创新性实践的需求，为他们的创新活动提供有力支持。

4. 实践教学在创新能力培养方面的案例与成效

许多应用型本科院校已经成功地将实践教学应用于创新能力的培养中，并取得了显著的成效。例如，一些院校通过开设创新性实验课程、组织创新性实践项目等方式，激发学生的创新意识和创新精神；一些院校通过与企业合作开展实践教学活动，使学生在解决实际问题的过程中锻炼创新能力；一些院校通过设立创新实验室、创业孵化器等机构，为学生的创新活动提供专门的支持和指导。这些实践教学的案例有效提升了学生的创新能力水平。

二、实践教学与职业能力培养的对接路径

实践教学与职业能力培养的对接是高等教育中的重要环节，旨在确保学生所学知识与实际工作需求相匹配，提高他们的职业竞争力。这一对接路径主要包括以行业需求为导向的实践教学设计、以职业能力为核心的实践教学评价，以及以持续发展为目标的实践教学改革。

（一）以行业需求为导向的实践教学设计

随着社会的快速发展和行业的不断变革，人才培养需要更加紧密地与行业需求对接。实践教学设计必须以行业需求为导向，确保所培养的人才符合社会和行业的实际需求。

1. 实践教学设计的原则

实践教学设计应遵循行业需求导向的原则，即根据行业发展趋势、企业用人需求及岗位技能要求确定实践教学的目标、内容和方法。这种以行业需求为导向的实践教学设计有助于确保所培养的人才具备与行业发展相匹配的知识、技能和素养。

2. 实践教学设计的具体策略

（1）深入调研行业需求。院校应定期组织教师深入行业企业一线，通过调研、访谈等方式全面了解行业发展趋势、企业用人需求及岗位技能要求。这些信息是实践教学设计的重要依据。

（2）构建与行业对接的课程体系。根据调研结果，院校应构建与行业对接的

实践教学课程体系。这包括确定实践教学目标、选择实践教学内容、设计实践教学环节等。同时，院校还应根据行业变化及时更新课程体系，确保实践教学的时效性和针对性。

（3）强化实践教学的职业技能训练。在实践教学过程中，应注重对学生职业技能的训练。这包括基本操作技能、专业技能及综合应用能力等。通过模拟真实的工作环境和任务，让学生在实际操作中掌握相关技能，提高他们的职业竞争力。

（4）引入行业标准和职业资格认证。将行业标准和职业资格认证引入实践教学有助于使实践教学更加贴近行业实际。通过与行业企业合作，共同制订实践教学标准和考核方案，使学生在校期间就能达到行业认可的职业水平。

（5）加强实践教学的师资队伍建设。要实施以行业需求为导向的实践教学设计，必须加强师资队伍建设。院校应鼓励教师深入行业企业实践，提高他们的实践能力和职业素养。同时，院校还应积极引进具有丰富实践经验和良好职业素养的企业人员参与实践教学工作。

3. 实践教学设计的实施与保障

为确保以行业需求为导向的实践教学设计的有效实施，院校应建立相应的保障机制。这包括加强实践教学的组织管理、完善实践教学的评价体系、加大实践教学的经费投入等。同时，院校还应与企业建立紧密的合作关系，共同推进实践教学的开展和实施。

4. 实践教学设计的意义与影响

以行业需求为导向的实践教学设计对于提高人才培养质量、促进学生就业具有重要意义。通过实践教学与行业需求的紧密对接，学生可以更好地了解行业发展趋势和企业用人需求，提高他们的职业竞争力和适应能力。同时，这种实践教学设计也有助于推动学校与企业的深度合作和产教融合，促进院校的转型发展和内涵建设。

（二）以职业能力为核心的实践教学评价

实践教学评价的核心目的是确保教学质量、提高教学效果，并最终提升学生的职业能力。

1. 实践教学评价的重要性

实践教学评价不仅有助于检验实践教学的成果,还能够为实践教学提供反馈和改进方向。通过科学、全面的评价,可以确保实践教学与职业能力培养的紧密对接,从而提高学生在未来职场中的竞争力。

2. 职业能力在实践教学评价中的核心地位

职业能力是指个体在特定职业环境中所展现出的知识、技能、态度和价值观的集合。在实践教学评价中,以职业能力为核心意味着评价的重点应放在学生在实践活动中所展现出的与职业相关的能力和素养上。这包括学生的专业知识应用能力、实际操作技能、团队协作能力、创新思维和职业素养等方面。

3. 实践教学评价体系的构建

(1)确立明确的评价标准。评价标准应围绕职业能力的各个方面,确保评价的全面性和针对性。这些标准应既符合行业对人才的需求,也应体现学校的教育理念和人才培养目标。

(2)采用多样化的评价方法。实践教学评价应采用多样化的评价方法,如观察记录、学生自评、小组互评、教师评价和企业反馈等,这样可以更全面地反映学生在实践教学中的表现和职业能力水平。

(3)强化过程性评价。过程性评价强调对学生在实践教学过程中学习和成长情况的关注。通过记录学生在不同阶段的表现和进步,可以更有针对性地提供反馈和指导,促进学生职业能力的提升。

(4)注重评价结果的应用。评价结果应被充分应用于教学改进和学生学习指导。学校可以根据评价结果调整实践教学内容和方法,以满足学生职业能力培养的需要;同时,学生也可以根据评价结果了解自身的优势和不足,明确今后的努力方向。

4. 实践教学评价的挑战与对策

在实施以职业能力为核心的实践教学评价时可能会面临一些挑战,如评价标准的制定难度、评价方法的有效性问题及评价过程中的主观性问题等。为应对这些挑战,院校可以加强与行业企业的合作,共同制定评价标准和方法;加强对评价人员的培训和管理，提高评价的客观性和公正性；同时，借助信息化手段提高评价效率和准确性。

（三）以持续发展为目标的实践教学改革

随着社会的不断进步和科技的飞速发展，应用型人才的需求日益凸显。为了满足这一需求，应用型本科院校的实践教学体系必须与时俱进，进行以持续发展为目标的改革。

1. 实践教学改革的必要性

实践教学作为应用型人才培养的重要环节，其质量与效果直接关系到学生的职业能力和未来发展。然而，当前实践教学中存在一些问题，如教学内容与行业需求脱节、教学方法陈旧、教学资源不足等，这些问题制约了实践教学的持续发展。因此，进行以持续发展为目标的实践教学改革势在必行。

2. 实践教学改革的原则与目标

在进行实践教学改革时，应遵循系统性原则、前瞻性原则、创新性原则和可持续性原则。改革的目标是培养具备创新精神、实践能力和终身学习能力的高素质应用型人才，同时提高实践教学的质量和效果，实现实践教学的可持续发展。

3. 实践教学改革的具体措施

（1）更新实践教学内容。根据行业发展趋势和企业用人需求及时调整与更新实践教学内容，确保实践教学与行业需求紧密对接。同时，引入新技术、新工艺和新方法，增强实践教学的时效性和针对性。

（2）创新实践教学方法。改变传统的以教师为中心的教学方法，采用项目驱动、案例分析、角色扮演等多样化的教学方法，激发学生的学习兴趣和积极性。同时，鼓励学生自主探究和合作学习，培养学生的创新能力和团队协作能力。

（3）加强实践教学资源建设。加大实践教学资源的投入，改善实践教学条件。建设一批高水平的实验室、实训中心和校外实践教学基地，为学生提供更多的实践机会和更好的实践环境。同时，加强与企业、行业的合作，共同开发实践教学资源，实现资源共享和优势互补。

（4）完善实践教学评价体系。建立以职业能力为核心、多元参与的实践教学评价体系。采用过程性评价与结果性评价相结合的方式全面评价学生在实践教学中的表现和成果。同时，引入企业、行业评价标准和方法，使实践教学评价更加客观、公正和全面。

4. 实践教学改革的保障措施

为确保实践教学改革的顺利进行，应采取以下保障措施：一是加强组织领导，成立专门的领导小组和工作机构，负责实践教学的规划、实施和管理；二是加强师资队伍建设，提高教师的实践能力和职业素养；三是加强制度建设，完善实践教学的管理制度和运行机制；四是加强质量监控，建立实践教学质量监控体系，确保实践教学质量的持续提高。

第八章 应用型本科院校的师资队伍建设

师资队伍是应用型本科院校的核心力量,对于提升教学质量、实现人才培养目标具有举足轻重的作用。本章将聚焦于应用型本科院校的师资队伍建设,探讨如何构建一支既具备深厚学术背景又有丰富实践经验的教师队伍。通过优化师资结构、提升教师专业素养、加强教师培训与交流等措施,院校可以打造出一支高水平的师资队伍,为培养高素质应用型人才提供坚实保障。

第一节 师资队伍的现状、结构与优化

师资队伍的结构与优化是应用型本科院校人才培养的核心要素。通过引进高层次人才、加强教师培训、构建科学合理的评价体系,不断提升教师队伍的整体素质和教学能力。优化师资队伍结构,形成学术与实践相结合的团队,有助于提高教育质量,培养出更多符合社会需求的应用型人才。

一、师资队伍现状分析

师资队伍是应用型本科院校的核心资源,其现状由师资数量与结构、学科与专业分布,以及师资来源与流动情况共同决定。

(一)师资数量与结构

在应用型本科院校的师资队伍建设中,师资数量与结构是衡量一个学校教育实力和教学质量的重要标准。以下将详细探讨应用型本科院校师资队伍的数量与结构特点。

1. 数量特点

应用型本科院校的师资数量通常与学校规模、专业设置和教学任务密切相关。一般来说,随着学校规模的扩大和专业设置的增多,师资数量也会相应增加。但

值得注意的是，师资数量的增长并非单纯追求数量上的增加，而是要与学校的发展战略、教学需求及人才培养目标相匹配。因此，在保障基本教学需求的前提下，学校应更加注重师资的质量和结构优化。

2. 结构特点

师资结构主要包括年龄结构、学历结构、职称结构和学科结构等方面，以下分别进行阐述。

（1）年龄结构。应用型本科院校的师资队伍应形成合理的年龄梯队，包括经验丰富的老教师、年富力强的中年教师及充满活力的青年教师。这样的年龄结构既有利于保持教学的连续性和稳定性，又有利于推动教学方法和手段的创新。

潍坊学院的师资年龄分布如表 8-1 所示。

表 8-1　潍坊学院的师资年龄分布

序号	年龄段	人数/人	百分比/%
1	30 岁以下	80	25
2	31～40 岁	120	37.50
3	41～50 岁	60	18.75
4	51 岁以上	60	18.75

（2）学历结构。随着高等教育的发展，应用型本科院校对教师的学历要求也越来越高。目前，大多数应用型本科院校的教师都具备硕士及以上学历，其中博士学历教师的比例也在逐年提升。高学历教师比例的增加有助于提升学校的整体科研水平和教学质量。

（3）职称结构。职称是衡量教师学术水平和专业能力的重要指标。在应用型本科院校的师资队伍中应具备一定比例的教授、副教授等高级职称教师，他们在学科建设和人才培养方面发挥着重要作用。同时，院校也应注重培养和引进具有发展潜力的中青年教师，为他们的职业发展提供良好的平台。

（4）学科结构。应用型本科院校的师资队伍建设应紧密围绕学校的学科特色和优势进行。在保障基础学科师资力量的同时，重点加强优势学科和特色学科的师资队伍建设，形成一批高水平、有特色的学科团队。此外，院校还应根据地方经济社会发展的需要适时调整和优化学科结构，以满足应用型人才培养的需求。

应用型本科院校的师资队伍建设在数量上应与学校规模、专业设置和教学任务相适应，在结构上应注重形成合理的年龄梯队、提升学历水平、优化职称结构和调整学科布局。

（二）学科与专业分布

合理的学科与专业分布不仅能够保障教学的正常进行，还能够推动学校的教学改革和科研创新。

1. 学科分布的广度与深度

应用型本科院校的学科分布通常涵盖了多个领域，包括自然科学、人文社会科学、工程技术等。在广度上，学校应确保各个主要学科领域都有相应的师资力量，以支持全面的课程设置和人才培养。在深度上，对于学校的优势学科和特色专业，应投入更多的师资资源，建设高水平、有特色的学科团队，形成学科优势和品牌影响力。

2. 专业分布的适应性与前瞻性

专业分布是院校师资队伍建设的又一重要方面。学校的专业设置应与地方经济社会发展的需要紧密结合，体现出较强的适应性和一定的前瞻性。在专业分布上，既要考虑当前的社会需求和就业市场，也要预测未来的发展趋势和行业变化。对于一些传统专业，应保持必要的师资投入，同时积极更新教学内容和方法，以适应行业发展的新要求。对于新兴专业和交叉学科，应加大师资引进和培养力度，尽快提高教学能力和科研实力。

3. 跨学科师资的培养与整合

随着科学技术的不断进步和社会需求的日益多样化，跨学科研究和教学已成为高等教育的重要趋势。应用型本科院校在师资队伍建设中应重视跨学科师资的培养与整合，通过跨学科的研究项目、教学团队和学术交流平台，促进不同学科领域教师之间的合作与交流，提升教师的跨学科素养和教学能力。同时，院校应积极引进具有跨学科背景的高层次人才，为学校的跨学科发展和创新型人才培养提供有力支持。

4. 动态调整与优化机制

学科与专业的分布不应一成不变，而应随着学校的发展和社会需求的变化进行动态调整。应用型本科院校应建立科学的评估机制，定期对各个学科和专业的师资状况进行全面评估，了解师资的数量、结构、教学水平和科研实力等方面的情况。根据评估结果，结合学校的发展战略和社会需求的变化，制订针对性的师资调整和优化方案。通过引进优秀人才、加强内部培训、推动学术交流与合作等措施，不断优化学科与专业的师资分布，提升院校的整体教育质量和人才培养水平。

通过合理的学科布局、适应性与前瞻性的专业设置、跨学科师资的培养与整合，以及动态调整与优化机制等措施，构建一支数量充足、结构合理、教学水平高、科研实力强的师资队伍，为院校的长远发展和应用型人才培养提供坚实保障。

（三）师资来源与流动情况

1. 师资来源

应用型本科院校的师资来源主要包括高校毕业生、其他高校或研究机构的教师、企事业单位的专业技术人员及海外留学归国人员等。其中，高校毕业生是师资来源的主要渠道，他们通常具有较高的学历和专业知识，但缺乏教学实践经验。因此，院校需要通过入职培训和教学实践指导等方式，帮助他们尽快适应教学工作。其他高校或研究机构的教师及企事业单位的专业技术人员具有丰富的实践经验和行业背景，他们的加入有助于提升院校的教学水平和科研实力。海外留学归国人员具有国际化的视野和先进的教学理念，对院校的教学改革和国际化发展具有积极的推动作用。

2. 师资流动情况

师资的流动包括内部流动和外部流动。内部流动主要指教师在学校内部的岗位调整、职称晋升等，这有助于优化学校的师资结构，激发教师的工作积极性。外部流动则主要指教师的离职和引进，这在一定程度上反映了学校对教师的吸引力和教师对学校的忠诚度。合理的师资流动有助于保持学校的生机和活力，但过度的流动可能影响学校的教学秩序和师资队伍的稳定性。

在应用型本科院校中，师资的流动情况受到多种因素的影响。一方面，随着高等教育竞争的加剧和人才市场的变化，一些优秀教师可能会选择离开学校寻求更好的发展机会。另一方面，学校为了提升教学质量和科研水平，也需要不断引进新的优秀人才。因此，如何在保持师资队伍稳定性的同时实现优秀人才的合理流动是应用型本科院校需要面对的重要挑战。为了应对这一挑战，应用型本科院校需要采取一系列措施。首先，院校应建立完善的师资引进机制，通过提高引进待遇、拓宽引进渠道等方式，吸引更多的优秀人才加入。其次，院校应加强对在职教师的培养和支持，提升他们的教学水平和科研能力，增强他们对学校的归属感和忠诚度。最后，院校应建立科学的评估机制，对教师的教学和科研工作进行全面、客观的评价，为优秀教师的晋升和发展提供公平、公正的平台。

二、师资队伍结构优化策略

本部分首先强调实现师资数量与结构的动态平衡的重要性，并提出具体的策略，如合理配置师资数量、优化调整师资结构、建立动态监测与调整机制等。其次，针对学科与专业的师资调配问题，阐述师资调配的原则与目标、策略与方法、实践与效果，旨在满足教学和科研需求，同时注重学科交叉融合。最后，聚焦于高层次人才的引进与培养，提出制定灵活多样的引进方式、完善人才培养体系等策略，以打造一支高水平的师资队伍，提升学校整体竞争力。

（一）师资数量与结构的动态平衡

实现师资数量与结构的动态平衡不仅关系到学校的教学质量、科研水平，还直接影响到应用型人才培养的效果。因此，应用型本科院校需要采取一系列策略来维持这种平衡。

1. 合理配置师资数量

首先，院校应根据自身的办学定位、专业设置和学生规模等因素，科学合理地确定师资的总体需求。在此基础上，结合院校的实际情况，制订具体的师资引进计划，确保师资数量的稳步增长。同时，院校还应关注师资的流失情况，及时采取措施进行补充和调整，避免师资短缺或过剩的现象发生。

2. 优化调整师资结构

除了数量上的合理配置，院校还应注重优化调整师资结构。这包括年龄结构、学历结构、职称结构和学科结构等多个方面。通过引进优秀的高层次人才、培养有潜力的青年教师、优化职称评审制度等措施，逐步形成一支结构合理、优势互补的师资队伍。同时，院校还应鼓励教师之间的交流与合作，打破学科和专业壁垒，促进师资资源的共享与整合。

3. 建立动态监测与调整机制

为实现师资数量与结构的动态平衡，院校还应建立一套完善的动态监测与调整机制。通过对师资队伍的定期评估和分析，及时发现存在的问题和不足，并采取相应的措施进行改进和调整。例如，对于某些热门专业或新兴学科，院校可以加大师资引进力度，以满足教学和科研的需要；对于某些传统学科或过剩专业，院校则可以适当控制师资规模，优化师资结构。

4. 政策与制度保障

院校还应从政策和制度层面为师资数量与结构的动态平衡提供保障。通过制定灵活的引进政策、完善的培养制度、公正的激励机制等吸引和留住优秀人才，激发教师的工作积极性和创造力。同时，院校还应加强对师资队伍建设的投入和支持，为教师的成长和发展提供良好的环境与条件。

（二）学科与专业的师资调配

1. 师资调配的原则与目标

首先，师资调配应遵循学校整体发展战略和学科专业建设规划，以满足教学和科研需求为导向。在调配过程中，应充分考虑教师的专业背景、教学科研能力、个人发展意愿等因素，实现人尽其才、才尽其用。同时，师资调配还应注重学科之间的交叉融合，打破学科壁垒，促进学术交流与合作。

2. 师资调配的策略与方法

（1）建立师资调配机制。院校应成立专门的师资调配机构或委员会负责制定师资调配政策、审核调配计划并监督实施过程。该机构应与各学院、系部保持密切沟通,及时了解教学和科研需求,确保师资调配的针对性和有效性。

(2)制订灵活的调配方案。根据学科专业的发展阶段、招生规模、教学任务等因素,制订灵活的师资调配方案。对于新兴学科或急需发展的专业,可以加大师资引进力度;对于成熟学科或过剩专业,则可以通过内部调整、优化组合等方式进行师资调配。

(3)加强教师培训与转岗。针对部分教师需要转岗或提升教学科研能力的情况,学校应提供相应的培训和支持。通过组织校内外专家讲座、教学研讨、科研合作等活动,帮助教师拓宽视野、提升能力,更好地适应新的教学和科研岗位。

(4)引入竞争与激励机制。在师资调配过程中,可以适当引入竞争机制,如公开竞聘、择优录用等,激发教师的积极性和创造力。同时,建立完善的激励机制,如职称晋升、绩效奖励等,鼓励教师在新的岗位上作出更大的贡献。

3. 师资调配的实践与效果

通过合理的师资调配,应用型本科院校可以实现以下效果:一是优化师资队伍结构,提高教学和科研水平;二是促进学科交叉融合,推动学术创新与发展;三是提升教师的职业素养和综合能力,为教师的职业发展创造更多机会;四是增强学校的整体竞争力和社会影响力。

(三)高层次人才的引进与培养

1. 高层次人才引进策略

(1)制定灵活多样的引进方式。院校应根据自身需求和实际情况,制定灵活多样的引进方式,包括刚性引进和柔性引进。刚性引进主要是指通过正式的招聘程序将高层次人才纳入学校编制内,成为学校的全职教师。柔性引进则是指在不改变人才与原单位隶属关系的前提下,通过项目合作、兼职、讲座教授等方式,吸引高层次人才为学校的教学和科研提供服务。

(2)加大引进力度和投入。院校应加大对高层次人才引进的投入,包括提供具有竞争力的薪酬待遇、充足的科研启动经费、优质的住房和生活条件等,以吸引更多优秀的高层次人才加盟。同时,院校还应建立健全引进人才的考核和评价机制,确保引进人才的质量和效益。

(3)拓宽引进渠道和网络。院校应积极拓宽引进渠道和网络,通过与国内外知名高校、科研机构、企业等建立合作关系,共享人才资源。此外,院校还可以利用各类人才招聘平台、学术会议等渠道，广泛宣传学校的引进政策和发展环境，提高学校的知名度和吸引力。

2. 高层次人才培养策略

（1）完善人才培养体系。院校应建立完善的高层次人才培养体系，包括制订个性化培养计划、提供系统的培训和学习机会、搭建广阔的学术交流和合作平台等。通过全面提升高层次人才的教学水平、科研能力、学术影响力和社会服务能力，推动其成为学科领域的领军人物或骨干力量。

（2）加强团队建设与协同创新。院校应鼓励和支持高层次人才组建或参与创新团队，通过团队协作和集体攻关解决重大科学问题或关键技术难题。同时，院校还应加强不同学科、不同领域之间的交叉融合与协同创新，推动产生更多具有原创性和前瞻性的科研成果。

（3）营造良好的人才生态环境。院校应努力营造良好的人才生态环境，包括宽松的学术氛围、和谐的人际关系、公平的竞争机制等。通过优化管理流程、提高服务效率、加强人文关怀等措施，为高层次人才提供舒适的工作和生活环境，激发其创新创造活力。

三、师资队伍优化效果评估

本部分将详细阐述院校在师资队伍结构改善和教学与科研水平提升方面所取得的显著成效。通过实施一系列结构优化策略，院校成功实现了师资队伍规模的合理扩张和结构的优化调整，引进和培养了一批高层次人才，使得师资队伍的年龄、学历和职称结构得到了显著改善。同时，院校在教学方面注重更新教学理念、加强教学团队建设，并建立完善的教学质量监控与评估体系，从而提升了教学水平。在科研方面，通过实施科研团队建设、科研项目申报与管理及科研成果转化与推广，教师的科研能力和水平也得到了显著提升。这些优化措施为院校的教学和科研发展奠定了坚实基础，推动了院校的整体进步。

（一）师资队伍结构改善情况

通过实施一系列的结构优化策略，院校可以逐步调整和完善师资队伍的结构，以适应应用型人才培养和科研创新的需求。以下是对师资队伍结构改善情况的详细分析。

1. 数量与结构的动态平衡

通过实施数量与结构的动态平衡策略,院校成功实现了师资队伍规模的合理扩张和结构的优化调整。一方面,院校根据教学和科研任务的需求合理确定各学科的师资规模,避免了师资过剩或不足的问题。另一方面,院校注重引进高层次人才和优秀青年教师,使得师资队伍的年龄结构、学历结构和职称结构得到了显著改善。

2. 学科与专业的师资调配

针对学科与专业发展的不平衡问题,院校通过实施师资调配策略实现了学科之间师资的合理配置。一方面,院校加强了对新兴学科和急需发展专业的师资支持,通过内部调整和外部引进相结合的方式为这些学科与专业配备了高素质的师资队伍。另一方面,院校注重学科之间的交叉融合,鼓励教师跨学科合作,推动了学科群的建设和发展。

3. 师资队伍结构改善的成果与影响

经过一系列的结构优化策略的实施,院校师资队伍的结构得到了显著改善。首先,师资队伍的规模得到了合理扩张,满足了教学和科研任务的需求。其次,师资队伍的年龄结构、学历结构和职称结构得到了优化调整,形成了一支以中青年教师为主体、以高水平学者为骨干的师资队伍。最后,学科与专业的师资配置更加合理,推动了学科群的建设和发展。这些成果不仅提升了院校的教学和科研水平,也为院校的长远发展奠定了坚实的基础。

(二)教学与科研水平提升情况

1. 教学水平的提升

(1)院校注重更新教学理念,引导教师从传统的知识传授者转变为学生学习和发展的引导者、促进者。通过组织教师参加现代教育技术培训、教学研讨会等活动,推动了教学理念的转变和教学方法的创新。教师开始更加注重学生的主体地位,采用案例教学、项目驱动、翻转课堂等多样化的教学方法,激发了学生的学习兴趣和积极性。

(2)院校加强了教学团队建设,鼓励教师之间的合作与交流。通过采用组建课程组、教学团队等形式，促进了教师之间的资源共享、经验交流和教学研讨。这种团队合作的教学模式不仅提高了教学效率，还有助于提升教师的教学水平和专业素养。

（3）院校建立了完善的教学质量监控与评估体系，通过学生评教、同行评议、专家督导等方式，对教师的教学质量进行全面、客观、公正的评价。这种评价机制不仅有助于发现教学中存在的问题和不足，还为教师提供了改进教学的方向和动力。

2. 科研水平的提升

（1）院校鼓励教师组建或参与科研团队，通过团队协作的方式开展科研攻关。这种团队合作的模式不仅有助于整合科研资源、提高研究效率，还能促进学科交叉和学术创新。

（2）院校加强了科研项目申报与管理的工作，为教师提供了更多的科研机会和平台。通过组织教师参加各类科研项目申报培训、邀请专家进行项目指导等方式，提高了教师的项目申报成功率和研究质量。同时，院校还建立了完善的科研项目管理制度，确保了项目的顺利实施和经费的合理使用。

（3）院校注重科研成果的转化与推广，鼓励教师将研究成果应用于实际教学和社会服务中。通过与企业合作、举办科技成果展览会等方式，促进了科研成果的转化和应用。这种产学研结合的模式不仅有助于提升教师的科研能力和社会影响力，还为地方经济和社会发展作出了积极贡献。

第二节　双师型教师的培养与引进

双师型教师的培养与引进对于应用型本科院校来说至关重要。这类教师既具备深厚的理论知识，又有丰富的实践经验，能够为学生提供更加贴近实际的教学。通过加强校内培训、校企合作及拓宽引进渠道，学校可打造一支高水平的双师型教师队伍，进而提升教学质量，更好地培养应用型人才。

一、双师型教师的内涵与素质要求

双师型教师在应用型本科院校中扮演着关键角色，其核心优势体现在学术理论知识与实践技能的深度融合上。这类教师能够更好地将理论知识与实践应用相结合，为学生提供更具实用性和操作性的指导，从而促进应用型人才的培养。

（一）双师型教师的内涵

双师型教师需要满足两个方面的条件。首先，在教育教学能力上，双师型教师应具备良好的教育教学理论知识和实践技能，能够独立完成教学任务，指导学生进行有效的学习。此外，他们还需要具备先进的教育理念和教学方法，能够不断创新教学模式，提高教学效果。其次，双师型教师还应具备与其所授专业相对应的职业背景和实践经验。这意味着他们不仅需要拥有相关的学术背景，还需要在企业、行业或实际工作岗位上积累过一定的实践经验。这些经验使得他们在教学过程中能够更好地将理论与实践相结合，让学生了解并熟悉实际工作环境和要求，提高学生的职业素养和综合能力。

因此，双师型教师的内涵并不仅仅是学历和职称的简单叠加，而是强调了一种将学术性和实践性紧密结合的教学理念和能力要求。在应用型本科院校中，双师型教师是连接学术与实践的桥梁，是培养高素质应用型人才的关键力量。他们的存在不仅能够提升学生的专业素养和实践能力，还能够促进学校与社会的紧密联系，推动应用型教育不断发展。

此外，双师型教师的培养也是应用型本科院校师资队伍建设的重要环节。院校应通过各种途径和方法，如校企合作、在职培训、教学实践等方式，加强教师的学术理论修养和实践技能培养，提高教师的专业素养和实践能力，促进更多教师向双师型转变。同时，院校还应注重从社会各界引进具有丰富实践经验和专业技能的优秀人才，充实双师型教师队伍，为院校的教学和科研提供更多支持。

（二）双师型教师的素质要求

双师型教师的素质要求自然也是多方面的，涵盖了教育教学能力、专业素养、实践经验和创新能力等多个维度。这些素质要求是确保双师型教师能够有效履行教师职责，培养高素质应用型人才的关键。

（1）教育教学能力是双师型教师的基本素质。这包括扎实的教育学、心理学等教育理论知识，以及良好的教学设计和组织能力。教师需要能够根据学生的实际情况和学科特点，制订科学的教学计划，采用多样化的教学方法和手段，激发学生的学习兴趣和积极性。同时，教师还应具备课堂管理和学生评价的能力，以确保教学过程的顺利进行和教学效果的有效提升。

（2）专业素养是双师型教师的核心素质。这要求教师具有深厚的学科专业知识和广泛的行业视野，能够紧跟学科前沿和行业发展趋势，不断更新和完善自己的知识体系。此外，教师还应具备将理论知识与实践相结合的能力，能够将抽象的学术概念转化为具体的应用案例，帮助学生更好地理解和掌握所学知识。

（3）实践经验是双师型教师的重要素质。教师需要了解实际工作岗位的要求和流程，能够为学生提供更具针对性和实用性的指导。同时，教师还应积极参与行业实践和社会服务活动，不断积累实践经验，提升自己的实践能力和社会影响力。

（4）创新能力是双师型教师的必备素质。在快速发展的时代背景下，教师需要具备创新意识和创新能力，能够不断探索新的教学模式和方法，尝试将新技术、新理念引入教学过程，以提高教学效果和质量。同时，教师还应鼓励学生培养创新思维和实践能力，为学生的全面发展提供有力支持。

二、双师型教师的培养途径与方法

在培养双师型教师方面，可以通过多种途径和方法来实现。其中，校企合作培养机制是一种有效的方式，通过学校与企业的紧密合作，为教师提供实践平台，使其在实际工作环境中积累经验和提升技能。此外，在职培训与进修也是重要的培养途径，通过定期参加专业培训课程和学术研讨会，教师可以不断更新知识体系，提升专业素养。同时，教学实践与科研能力的提升也是关键环节。教师在实际教学过程中不断摸索和创新，结合科研工作，可以深化对专业知识的理解，并促进教学水平的提高。这些途径与方法共同构成了双师型教师的全面培养体系。

（一）校企合作培养机制

1. 合作模式

校企合作培养机制的核心在于学校与企业间构建深度的合作关系。这种多层次、多元化的合作可以具体体现在共建实训基地、联合开发课程教材及携手进行科研项目等方面。例如，应用型本科院校可以与当地知名科技企业合作，共同建立软件开发实训基地。该基地不仅能为学生提供实践机会，还能促进教师与企业工程师的互动交流。通过此类合作，教师能更深入地理解企业运营流程，掌握行业前沿技术，进而将这些宝贵经验融入日常教学，显著提升教学的实用性和针对性。

2. 双向交流

校企合作培养机制促进了学校与企业间的人员双向交流。具体来说，教师可以利用假期或业余时间到企业中进行实践，如挂职锻炼，直接参与生产管理环节，以此积累宝贵的实战经验。反之，企业亦可派遣其技术骨干或管理精英走进校园，为学生授课或举办专题讲座，传递行业最新动态与先进技术。例如，某企业的高级工程师被邀请到校内为学生们讲解最新的智能制造技术，极大地丰富了教学内容。此类交流显著增强了教育的时效性和实用性，有效地打破了教育与社会需求之间的隔阂。

3. 共同研发

在校企合作的框架下，双方可以携手进行科研项目研发。这不仅有助于提升教师的科研创新能力，还能加速科研成果的商业化进程。

4. 政策支持与保障

为确保校企合作能够深入且持久，政府和学校需提供坚实的政策支持和保障措施。政府可以通过立法或出台相关政策明晰合作双方的权责，为校企合作提供有力的法律后盾。同时，学校也需构建相应的管理框架和激励机制，如为教师提供校企合作项目的经费补贴、成果奖励等，以此鼓励更多教师积极参与到校企合作中来。这样的制度设计能够确保校企合作在规范、有序的环境中进行，从而实现双方资源的最大化利用。

（二）在职培训与进修

在职培训与进修对于提升教师的教育教学能力、专业素养和实践经验具有不可替代的作用。本部分将详细探讨在职培训与进修的内容、形式、实施策略及其对教师职业发展的重要性。

1. 在职培训与进修的内容

在职培训与进修的内容应紧密围绕教师的专业发展和教学需求，涵盖教育教学理论、学科专业知识更新、现代教育技术应用、教育实践能力提升等方面。具体而言，在职培训与进修的内容可以包括最新的教育政策与法规解读、教育教学方法与手段的创新、学科前沿动态与研究成果分享、实践操作技能与实验教学的强化等。

2. 在职培训与进修的形式

在职培训与进修的形式应灵活多样，以适应不同教师的个性化需求和学习风格。常见的培训形式包括专题讲座、研讨交流、案例分析、实践操作、网络远程学习等，院校可以根据教师的实际情况和培训目标选择合适的培训形式或组合多种形式进行综合培训。

3. 在职培训与进修的实施策略

有效的实施策略是确保在职培训与进修效果的关键。院校应建立完善的培训制度，明确培训的具体目标、内容、时间规划及考核标准。在培训过程中，专业师资的指导和科学的管理同样重要。潍坊学院在培训中引入了竞争机制，通过小组竞赛的形式激发教师的学习热情，显著提升了培训效果。

4. 在职培训与进修对教师职业发展的重要性

在职培训与进修对教师的职业发展具有重要意义。首先，它有助于教师更新教育观念和教学理念，掌握最新的教育教学方法和手段，提高教学效果和质量。其次，它能够帮助教师拓展学科专业视野，了解学科前沿动态和最新研究成果，提升专业素养和科研能力。最后，通过实践操作和实验教学的强化培训，教师可以提高实践操作技能和实践教学能力，更好地服务于应用型人才培养。

（三）教学实践与科研能力的提升

在应用型本科院校中，教学实践与科研能力是衡量教师的专业素养和综合能力的重要指标。随着高等教育的快速发展和社会对人才需求的变化，提升教师的教学实践和科研能力显得尤为重要。以下将从教学实践能力的提升、科研能力的提升，以及教学实践与科研能力结合发展策略3个方面进行详细探讨。

1. 教学实践能力的提升

（1）更新教学理念与方法。随着教育技术的不断进步和学生学习需求的变化，传统的教学理念和方法已经难以适应现代高等教育的需求。因此,教师需要不断更新教学理念,积极探索并实践新的教学方法。例如,引入混合式教学、翻转课堂等创新教学模式,激发学生的学习兴趣,提高教学效果。

(2)强化实践教学环节。应用型本科院校注重培养学生的实践能力和职业素养。因此,在教学实践中,教师应注重理论与实践的结合,加强实践教学环节的设计与实施。通过组织实验、实训、实习等实践教学活动,帮助学生将理论知识转化为实际操作能力,提升学生的综合素质。

(3)建立教学反馈机制。为提高教学实践的针对性和实效性,教师应建立有效的教学反馈机制。通过定期收集学生的反馈意见、开展教学评估等方式,及时了解教学过程中存在的问题和不足,并针对性地进行改进。同时,教师之间也应加强交流与合作,共同探讨教学问题,分享教学经验。

2. 科研能力的提升

(1)明确科研方向与目标。进行科研活动时,教师应首先明确自己的科研方向与目标。结合学校的发展定位、学科特色和自身优势条件,选定具有创新性和实用价值的科研项目进行深入研究。同时,要保持对学科前沿动态的敏感性,及时调整研究方向和目标。

(2)加强科研团队建设与合作。科研能力的提升离不开团队的协作与支持。教师应积极参与科研团队的建设活动,与团队成员共同承担科研项目、分享研究资源和经验成果。通过团队内部的交流与合作,不仅可以提升个人的科研能力水平,还可以推动整个团队的持续发展进步。

(3)注重科研成果的转化与应用。科研活动的最终目的是为社会发展和经济建设服务。因此,在提升科研能力的过程中,教师应注重科研成果的转化与应用价值的体现。通过与企业合作、参与社会服务项目等方式,将科研成果转化为实际生产力,为社会带来实实在在的经济效益和社会效益。

3. 教学实践与科研能力结合发展策略

(1)以科研项目驱动教学实践改革。将科研项目引入教学实践环节是提升教师教学实践和科研能力的重要途径之一。通过让学生参与科研项目不仅可以培养学生的创新思维和实践能力,还能促进教师思考教学方法和手段的改革。同时,科研项目的实施过程也是教师自身科研能力提升的过程。

（2）构建产学研用一体化平台。应用型本科院校应积极探索产学研用一体化的发展模式，为教师提供多样化的教学实践和科研机会。通过与企业、行业、研究机构等建立紧密的合作关系，共同搭建产学研用一体化平台，推动教师在教学实践中发现问题，在科研活动中解决问题，并将成果应用于实际生产中，实现教学与科研的良性互动和共同发展。

（3）完善评价与激励机制。为激发教师提升教学实践和科研能力的积极性，应用型本科院校应完善相关的评价与激励机制。通过建立科学合理的评价指标体系，对教师的教学实践和科研成果进行客观公正的评价；同时设立相应的奖励政策，对在教学实践和科研活动中表现突出的教师给予物质和精神上的表彰与奖励，营造良好的学术氛围和创新环境。

综上所述，提升教师的教学实践与科研能力是应用型本科院校人才培养工作的重要组成部分。通过更新教学理念与方法、强化实践教学环节、建立教学反馈机制等措施提升教学实践能力；通过明确科研方向与目标、加强科研团队建设与合作、注重科研成果的转化与应用等措施提升科研能力；通过以科研项目驱动教学实践改革、构建产学研用一体化平台及完善评价与激励机制等策略实现教学实践与科研能力的结合发展。这将有助于推动应用型本科院校人才培养质量的持续提高和社会服务功能的不断拓展。

三、双师型教师的引进策略与措施

为了加强双师型教师队伍的建设，可以实施针对性的引进策略与措施。首先，拓宽引进渠道，积极寻找并吸引更多具有实践经验和专业技能的优秀人才加入教学团队。其次，提高引进待遇，为专业人才提供具有竞争力的薪资和福利，确保他们能够安心在校工作，并充分发挥专业技能。最后，完善引进机制，建立一套科学、公正、透明的选拔和评价体系，确保引进的人才能够真正为提升教学质量和推动学校发展作出贡献。这些策略和措施的实施，将有助于应用型本科院校打造一支高素质的双师型教师队伍，为培养更多优秀人才提供有力保障。

（一）拓宽引进渠道

双师型教师的引进对于优化师资队伍结构、提升教育教学质量具有举足轻重的作用。要实现这一目标，拓宽引进渠道成为关键。以下将系统探讨如何通过多元化的引进渠道成功吸引并汇聚杰出人才，从而满足应用型本科院校的迫切发展需求。

1. 加强校企合作，引进企业优秀人才

加强校企合作是引进企业优秀人才的有效途径。例如，潍坊学院与当地一家知名科技企业建立了校企合作关系，通过共建实验室和实习基地成功引进了5位具有丰富实践经验和专业技能的企业工程师作为兼职教师。这些工程师不仅为学校的实践教学提供了宝贵经验，还将企业的前沿技术和创新理念融入课堂教学，使得教学内容更加贴近实际需求。据统计，该校与企业合作后，学生的实践能力和就业率均有了显著提升。

2. 利用网络平台，广泛发布招聘信息

在信息化时代，网络平台成为人才招聘的重要阵地。据调查，潍坊学院通过主流招聘网站和社交媒体平台发布双师型教师招聘信息后，收到了来自全国各地的300多份简历。经过筛选和面试，该校成功引进了10位具有行业经验和教学能力的双师型教师。这一举措不仅扩大了学校的师资库，还提高了招聘的效率和质量。

3. 开展校园招聘，吸引优秀毕业生

校园招聘是补充新鲜血液的重要方式。以潍坊学院为例，2022年该校举办了3场校园招聘会，吸引了近500名优秀毕业生前来应聘。通过设立专门的双师型教师招聘展位，该校成功吸引了80多名有志于应用型教育的毕业生加盟。这些新教师为学校注入了新的活力，也为学生提供了更多元化的教学体验。

4. 实施柔性引进，共享外部优质资源

柔性引进策略能够让院校灵活利用外部优质资源。潍坊学院通过聘请20位兼职教师和客座教授，增强了学校的师资力量。这些外部专家不仅参与了学校的课程建设、科研项目和学术交流活动，还为学生提供了更多的实践机会。数据显示，柔性引进策略实施后，潍坊学院的科研水平和教学质量均得到了显著提升。

5. 发挥校友力量，拓宽人才引进视野

校友资源在人才引进中发挥着不可忽视的作用。潍坊学院通过建立校友联络机制，成功与100多位校友取得了联系。这些校友分布在各行各业，为该校提供了丰富的人才需求信息和推荐渠道。通过校友的推荐和介绍，潍坊学院成功引进了 5 位具有丰富实践经验和教学能力的双师型教师。这一举措不仅拓宽了人才引进的视野，还增强了学校与校友之间的紧密联系和合作。

（二）提高引进待遇

优厚的待遇不仅直接关乎教师的生活品质，更深层地体现了学校对高端人才的尊重和认可。这种尊重和认可是增强学校吸引力、提升竞争力的核心要素。以下将深入探讨如何通过提高引进待遇更有效地吸引和稳固双师型教师队伍。

1. 提供具有竞争力的薪酬待遇

薪酬待遇是吸引人才的关键因素之一。院校应根据市场行情和自身财力状况制定具有竞争力的薪酬标准，确保引进的双师型教师能够获得与其能力和贡献相匹配的报酬。同时，院校还应建立灵活的薪酬激励机制，如设立绩效奖金、科研成果奖励等，激发教师的工作积极性和创造力。

2. 提供充足的科研启动经费

科研启动经费对于双师型教师来说至关重要，它直接关系到教师能否顺利开展科研工作并取得成果。因此，院校应为引进的双师型教师提供充足的科研启动经费，支持他们进行课题研究、实验设备购置和学术交流等活动。这样不仅能够满足教师的科研需求，还能够提升院校的整体科研水平。

3. 提供优质的住房条件

住房问题是影响人才引进和稳定的重要因素之一。院校应为引进的双师型教师提供优质的住房条件，如提供校内公寓、购房补贴或租房补贴等，解决他们的后顾之忧。同时，院校还应关注教师的家庭生活需求，为他们提供便利的生活配套设施和优质的社区服务。

4. 提供良好的工作环境和发展空间

除了物质待遇，良好的工作环境和发展空间也是吸引与留住人才的重要因素。院校应为引进的双师型教师提供良好的工作环境，包括宽敞的办公场所、先进的实验设备和充足的教学资源等。同时，院校还应关注教师的职业发展需求，为他们提供广阔的晋升空间和发展机会，如支持他们参加国内外学术交流活动、攻读更高学位或承担重要科研项目等。

5. 建立健全的社会保障和福利制度

社会保障和福利制度是保障教师权益与提高他们工作满意度的重要措施。院校应为引进的双师型教师建立健全的社会保障和福利制度，包括医疗保险、养老保险、失业保险等社会保险，以及子女教育、带薪休假等福利待遇。这样能够让教师安心工作、安心生活，增强他们对学校的归属感和忠诚度。

（三）完善引进机制

健全且高效的引进机制对于吸引和培养双师型教师具有至关重要的作用。通过建立科学的引进规划、制定规范的引进程序、建立多元化的评价体系、提供持续的引进支持及加强引进后的培训与管理，可以全面提高双师型教师的引进效率和质量。以下将详细阐述如何完善引进机制。

1. 建立科学的引进规划

院校应根据自身的发展定位、学科建设和人才培养需求，制订科学的双师型教师引进规划。规划应明确引进的目标、数量、学科领域、层次要求等，确保引进工作与院校的整体发展战略相契合。同时，规划还应充分考虑院校现有师资队伍的结构特点，避免盲目引进和重复建设。

2. 制定规范的引进程序

为保证引进工作的公开、公平和公正，院校需制定一套规范的引进程序。近年来，不少高校因引进程序不规范而引发争议。为避免类似问题，院校应详细规定引进的各个环节，如发布公告、资格审查、面试评估等，并明确每个环节的标准和要求。例如，在引进双师型教师时，采用公开竞聘的方式，全程录像，并邀请行业专家和校内外同行进行评审，确保引进过程的透明度和公正性。

3. 建立多元化的评价体系

对双师型教师的评价应坚持多元化原则，既要注重学术成果和教学能力，也要考虑实践经验和行业影响力。院校应建立包括学术委员会、教学委员会、行业专家等在内的多元化评价体系，对引进的双师型教师进行全面、客观、公正的评价。同时，院校还应根据不同学科领域的特点，制定差异化的评价标准，确保评价结果的准确性和有效性。

4. 提供持续的引进支持

引进双师型教师不是一次性行为，而是需要持续的支持和关注。院校应为引进的双师型教师提供必要的适应期支持，包括工作环境熟悉、教学科研条件配备、团队合作协调等。同时，院校还应建立定期的考核机制和激励机制，对引进的双师型教师进行动态管理和激励，激发他们的工作热情和创造力。此外，院校还应关注引进教师的个人发展和职业规划，为他们提供广阔的职业发展空间。

5. 加强引进后的培训与管理

引进后的培训与管理对于确保双师型教师充分发挥作用至关重要。据研究显示，经过系统培训的双师型教师在教学满意度和学生评价方面明显高于未经培训的教师。因此，院校应建立完善的培训体系，针对新引进的双师型教师进行定制化的培训，包括教学理念、教学方法及学校文化的融入等各方面的培训。同时，加强对引进教师的日常管理和考核，如定期进行教学观摩、学生评教等活动，以确保教学质量和教学效果。对于表现优秀的教师，及时给予表彰和奖励，以树立榜样并激励其他教师不断提升自身素养。

第三节　教师教学能力与科研能力的提升

提升教师的教学能力与科研能力是应用型本科院校提高人才培养质量的关键。通过专业培训、学术交流和实践锻炼，教师可以不断更新知识储备，提升教学技巧和科研水平。这不仅有助于提高教学效果，还能促进科研创新，从而更好地培养学生的综合素质和专业能力，满足社会对应用型人才的需求。

一、教学能力的提升途径

教学能力的提升途径主要包括教学理念的更新、教学方法的创新和教学团队的建设。教学理念更新可以使教师更好地理解现代教育目标和学生需求，为提升教学能力奠定思想基础。同时，教学方法创新能够使教学内容更加生动有趣，提高学生的学习兴趣和效果。此外，加强教学团队建设，通过团队协作、知识共享和经验交流，可以进一步提升教师的教学水平和专业素养。这3个方面共同构成了教学能力提升的重要途径。

（一）教学理念的更新

在应用型本科院校中，教学理念的更新是提升教学质量、培养创新型人才的关键。随着社会的快速发展和科技的日新月异，传统的教学理念已经难以适应新时代的需求。因此，教师必须不断更新教学理念，以更好地指导教学实践，培养出符合社会需求的高素质应用型人才。

1. 以学生为中心的教学理念

过去，教学往往以教师为中心，重点在于知识的单向传授，而忽视了学生的实际需求和学习体验。然而，现代教育理念强调以学生为中心，这要求教育者必须转变角色，真正关心学生的兴趣、需求及全面发展。例如，在某应用型本科院校的最近一项教学改革中，75%的教师开始采用案例教学、小组讨论等互动式教学方法，显著提高了学生的课堂参与度和学习兴趣。通过尊重学生的个性差异并提供个性化的辅导，学生的自主学习能力、创新精神和批判性思维得到了显著提升。

2. 以实践为导向的教学理念

应用型本科院校的核心目标是培养具备实践技能和创新思维的高素质人才。为此，将理论知识与实践操作相结合显得尤为关键。近年来，越来越多的高校开始与企业建立紧密的合作关系。据统计，超过60%的应用型本科院校已经与企业签订了实践教学合作协议，为学生提供了实习和实训机会，使他们在真实的职业环境中应用所学知识，锻炼实践能力。

3. 持续改进的教学理念

教学是一个不断演变和改进的过程。教师们正逐渐认识到，只有持续关注教学效果，及时调整教学策略，才能实现教学的持续优化。在潍坊学院实施的教学质量评估报告中显示，通过定期的学生反馈和教学评估，80%的教师在2022年内至少调整了一次教学方法，以适应学生的学习需求和行业变化。

4. 跨学科融合的教学理念

随着科技的快速发展和社会的不断进步，跨学科融合已经成为一种趋势。在教学过程中，教师应该注重跨学科融合的教学理念，打破学科壁垒，促进不同学科之间的交流和合作。这可以通过开设跨学科课程、组织跨学科研究项目等方式来实现。同时，院校还应该加强不同学科之间的资源共享和优势互补，为学生提供更加全面、多元的学习体验。

5. 国际化的教学理念

在全球化的大背景下，高等教育也日益显现出国际化的趋势。教师们开始关注国际前沿的教育理念和实践，努力将国际化的教学内容和方法融入日常教学中。数据显示，近五年内，超过50%的应用型本科院校增加了与国际高校的合作项目，为学生提供海外学习和交流的机会，以拓宽学生的国际视野并培养他们的跨文化交流技能。这种国际化的教学理念不仅丰富了学生的学习体验，也为他们未来的职业发展打下了坚实的基础。

（二）教学方法的创新

传统的教学方法往往注重知识的灌输，而忽视了学生的主体地位和实际需求。因此，教师必须致力于教学方法的创新，以适应新时代的教育要求。

1. 混合式教学的应用

混合式教学结合了线上教学和线下教学的优势，通过网络平台和传统课堂的有机结合，打破了时间和空间的限制。教师可以利用在线课程、教学资源库等数字化工具为学生提供丰富多样的学习资源，同时结合线下课堂的面授教学，使学生进行深入的讨论和实践操作。这种教学方法既能满足学生的个性化学习需求，又能提升教学效果。

2. 案例教学的推广

案例教学是一种以实际案例为基础的教学方法，通过引入真实或模拟的案例，让学生在分析、讨论和解决问题的过程中掌握知识与技能。这种教学方法能够帮助学生将理论知识与实践相结合，提升他们的分析问题和解决问题的能力。教师可以根据课程内容和学生特点，精心选择和设计案例，引导学生进行深入的探究和学习。

3. 项目教学的实践

项目教学是一种以学生为中心、以项目为驱动的教学方法。在这种教学模式下，教师将课程内容分解成若干个具体的项目任务，学生以小组为单位进行项目的策划、实施和展示。通过亲身参与项目的全过程，学生能够更好地理解和掌握课程知识，同时培养团队协作意识、创新精神和实践能力。教师应该加强对项目的指导和监控，确保项目的顺利进行和达到预期的教学目标。

4. 互动式教学的探索

互动式教学强调教师与学生之间、学生与学生之间的互动和交流。教师可以通过提问、讨论、角色扮演等方式，激发学生的学习兴趣和思维活力，引导他们积极参与课堂互动。同时，教师还可以利用现代化的教学工具，如多媒体、网络平台等，增强课堂的互动性和趣味性。通过互动式教学，教师可以及时了解学生的学习情况和反馈意见，以便及时调整教学策略和方法。

5. 实验实训教学的强化

对于应用型本科院校来说，实验实训教学是培养学生实践能力和创新精神的重要环节。院校应该加强实验室和实训基地的建设与管理，为实验实训教学提供充足的场地和先进的设备支持。同时，教师应该注重实验实训教学的设计和组织，确保学生能够在实验实训中真正掌握相关的技能和方法。此外，院校还可以与企业合作建立实践教学基地，为学生提供更多的实践机会和资源。

（三）教学团队的建设

一个优秀的教学团队不仅能够为学生提供优质的教学资源，还能营造良好的学术氛围，促进学生的全面发展。

1. 明确教学团队建设的目标，构建合理的团队结构

教学团队应以提升教学质量和培养学生的应用能力为核心目标。团队建设应遵循能力本位原则，课程内容应源于真实场景，教学模式应推选实践驱动。团队应由专任教师和其他相关人员组成，鼓励以课程群组建团队，规模适中，梯队合

理，人数一般为 8~15 人。团队成员应具有明确的发展目标、良好的合作精神和团队文化。

2. 强化团队带头人的作用，促进团队成员的专业发展

团队带头人应具备高级职称，长期致力于团队的课程建设，坚持在本校教学第一线为本科生授课，具有较高的教学能力和水平。鼓励团队成员参与教学改革与创新，定期进行教学法研讨，建设期间必须公开发表教研教改论文。同时，团队应建立合理的教学梯队，重视对团队内青年教师的培养。

3. 加强课程建设与改革，建立可持续性的校企合作机制

课程体系应与专业有机融合，构建以质量为导向的管理体制和工作机制。课程内容应结合行业企业需求，面向职业和服务当地，推行案例教学和项目教学，加强实践能力培养。行业企业应扮演课程开发中的合作伙伴角色，与学校签订教学合作协议，参与课程开发与设计、教材编写等。

4. 推进以学生为中心的教学范式，实施绩效管理和激励机制

鼓励教师以学生学习成果为导向，进行多样化的教学模式改革，如翻转课堂、线上线下混合式教学等，以提升学生的自主学习能力和创新创造能力。对教学团队进行绩效管理，建立合理的评价和激励机制，以提高团队成员的教学积极性和教学质量。

二、科研能力的提升策略

提升科研能力需从多方面着手：加强教师科研培训和学术交流，通过定期培训和参与学术会议，提高教师科研素养；优化科研环境和资源配置，提供充足资源和简化管理流程，以支持教师科研工作；建立激励机制和评价体系，通过奖励和职称评定鼓励科研创新；注重科研与教学的融合，将科研成果融入教学，培养学生实践能力，实现教学科研相互促进。

（一）加强教师科研培训和学术交流

应用型本科院校应定期组织教师参与科研培训，提升教师的科研素养和技能。通过邀请行业专家、学者进行讲座和组织召开研讨会，拓宽教师的学术视野，增

强其对最新科研动态的了解。同时，鼓励教师参与国内外学术会议，通过交流学习获取新的研究思路和方法。此外，建立校内外科研合作平台，促进教师与企业、研究机构的合作，以实际问题为导向，提高科研的针对性和实用性。

（二）优化科研环境和资源配置

为教师提供良好的科研环境和充足的资源是提升科研能力的关键。院校应加大科研投入，完善实验室设施，提供必要的实验材料和设备。同时，建立科研数据库和信息平台，方便教师获取科研资料和数据。此外，优化科研管理流程，简化科研项目申报和审批程序，提高科研效率。为教师提供科研助手或研究生支持，减轻教师的教学负担，确保教师有足够的时间和精力从事科研工作。

（三）建立激励机制和评价体系

通过建立合理的激励机制和评价体系，激发教师的科研热情和创新动力。制定科研奖励政策，对在科研项目、论文发表、专利申请等方面取得显著成绩的教师给予奖励和认可。同时，将科研能力作为教师职称评定和晋升的重要依据，确保科研与教学同等重要。建立公平、透明的科研评价体系，鼓励教师进行原创性、应用性强的研究，避免科研活动的功利化。

（四）注重科研与教学的融合

将科研活动与教学工作紧密结合是提升应用型本科院校教师科研能力的有效途径。鼓励教师将最新的科研成果融入教学内容，提高教学的前沿性和实践性。通过开设研究型课程、进行项目式学习等，让学生参与到教师的科研项目中，培养学生的科研兴趣和实践能力。同时，教师在教学过程中发现的问题和需求可以转化为科研课题，实现教学与科研的相互促进和共同发展。

三、教学与科研互动机制

应用型本科院校教学与科研互动机制的建立是一个复杂的系统工程，它主要涉及以下几个方面。

（一）教学内容与科研活动的紧密结合

应用型本科院校在教学内容上应紧跟科研动态，将最新的科研成果和行业发展趋势融入课程体系。教师应将科研实践中的问题和案例带到课堂上，使学生在学习过程中能够接触到学科前沿，培养其创新思维和解决问题的能力。例如，通过项目驱动的教学模式，让学生在解决实际问题中学习和应用理论知识，从而实现教学与科研的良性互动。

（二）师资队伍建设与科研能力的培养

教师是教学与科研互动的关键执行者。应用型本科院校应加强师资队伍建设，鼓励教师参与科研活动，提升其科研能力。教师应将科研经验转化为教学资源，通过案例教学、研讨课等方式，引导学生参与科研过程，培养学生的科研兴趣和创新能力。同时，院校可以通过校企合作、产学研结合等方式，为教师提供科研实践的机会，推动教师的专业发展。

（三）实践平台的搭建与科研环境的营造

实践平台是学生进行科研训练和创新实践的重要场所。应用型本科院校应搭建多样化的实践平台，如实验室、研究中心、创新实验室等，为学生提供科研训练的条件和环境。通过校企合作、产学研结合项目，让学生参与到真实的科研项目中，提升其实践能力和创新能力。同时，院校还应营造鼓励创新、宽容失败的科研环境，激发学生的科研热情和创新精神。

（四）科研管理与评价机制的创新

科研管理与评价机制是推动教学与科研互动的重要保障。应用型本科院校应建立科学的科研评价体系，不仅评价科研成果的数量和质量，还要评价科研对教学的贡献和对学生创新能力培养的效果。通过建立科研与教学相结合的评价机制，激励教师将科研成果转化为教学内容，促进教学内容的更新和教学质量的提升。同时，院校还应建立科研激励机制，鼓励教师和学生参与科研活动，提高科研活动的参与度和效果。

参考文献

[1] 韦铸娥,李建. 应用型本科院校离散数学专创融合课程建设研究[J]. 科教文汇,2024（18）：71-77.

[2] 黄川,马颖. 新文科背景下应用型本科院校市场营销专业人才培养体系创新研究[J]. 甘肃教育研究,2024（14）：18-21.

[3] 刘泽玉,郭晓燕,王秀敏. 应用型本科院校数智财务人才培养现状与挑战[J]. 邢台学院学报,2024,39（3）：127-131.

[4] 范彦勤,郭述锋,黄逸飞. 新工科背景下应用型本科院校高等数学课程思政教学探究[J]. 西部素质教育,2024,10（17）：68-72.

[5] 赫兵,姜龙,王帅,等. 地方性应用型本科农业院校作物栽培学课程改革思路研究[J]. 黑龙江农业科学,2024（9）：85-91.

[6] 周尚儒,刘驰,张高峰,等. 新工科背景下应用型本科院校科研育人的探索[J]. 才智,2024（26）：173-176.

[7] 杨国梓. 基于OBE教育理念的地方本科院校应用型人才培养体系构建的研究与实践[J]. 科技风,2024（25）：156-159.

[8] 吴亚丽,江新. 应用型大学本科生学习投入度的实证研究[J]. 知识窗（教师版）,2024（8）：48-50.

[9] 韩华英,张玲. 应用型本科院校"一站式"学生社区高质量发展研究[J]. 知识窗（教师版）,2024（8）：9-11.

[10] 高华国,胡军,李嘉奇,等. 应用型本科院校智能建造专业教学体系构建[J]. 中国冶金教育,2024（4）：24-26.

[11] 涂宇,王怡,郭红铄,等. 应用型本科院校力学课程"一核二体三融四能"教学模式改革与实践[J]. 现代职业教育,2024（24）：77-80.

[12] 刘明宝,曹宝月,南宁,等. 应用型本科院校青年教师科技创新活力制约因素与对策研究[J]. 科技风,2024（23）：157-159.

[13] 程学华. "三位一体"教育理念下应用型本科院校实践教学体系路径研究——以安徽三联学院为例[J]. 吉林农业科技学院学报,2024,33（4）：53-56,61.

[14] 林丽娟. 新文科背景下应用型本科院校金融人才培养模式创新研究[J]. 林区教学,2024（8）：37-40.

[15] 刘洋. 应用型本科院校精品在线开放课程建设实践探索[J]. 学周刊,2024（25）：98-101.

[16] 吴琳,孙晓丽. 应用型本科院校产教融合人才培养创新路径研究——基于OBE教育理念[J]. 科学咨询（科技·管理）,2024（8）：241-244.

[17] 苏文岚. 数智化背景下ERP沙盘模拟实训课程在应用型本科院校财会专业人才培养中的运用分析[J]. 老字号品牌营销,2024（15）：217-220.

[18] 姜家磊.新文科背景下地方应用型本科院校管理类专业产教融合协同育人机制研究[J].公关世界,2024(16):157-159.

[19] 李若菲,李扬淳,杨金岳,等.应用型本科医学院校学院书院一体化管理模式的探讨[J].牡丹江医学院学报,2024,45(4):159-161.

[20] 王艳,刘金生.我国小城镇体育产业发展方略[M].北京:人民体育出版社,2023.

[21] 刘静雪,林星朱,蔡青烽,等.应用型本科院校现代产业学院模式探索[J].粮食加工,2024,49(4):124-127.

[22] 宋晨晨.应用型本科院校文科专业"双师型"教师队伍建设研究[J].市场周刊,2024,37(22):174-178.